唤醒古蜀众神

——三星堆考古 90 年

高大伦　　刘佳君　　编著

文物出版社

图书在版编目（CIP）数据

唤醒古蜀众神：三星堆考古 90 年／高大伦，刘佳君
编著．-- 北京：文物出版社，2024.3
ISBN 978-7-5010-8313-8

Ⅰ.①唤…　Ⅱ.①高…②刘…　Ⅲ.①三星堆遗址-
考古发现　Ⅳ.①K878.04

中国国家版本馆 CIP 数据核字（2024）第 001746 号

唤醒古蜀众神——三星堆考古 90 年

编　　著：高大伦　刘佳君

责任编辑：李子裔
责任印制：王　芳

出版发行：文物出版社
社　　址：北京市东城区东直门内北小街 2 号楼
邮　　编：100007
网　　址：http://www.wenwu.com
经　　销：新华书店
印　　刷：宝蕾元仁浩（天津）印刷有限公司
开　　本：880mm×1230mm　1/32
印　　张：7.5
版　　次：2024 年 3 月第 1 版
印　　次：2024 年 3 月第 1 次印刷
书　　号：ISBN 978-7-5010-8313-8
定　　价：88.00 元

文物出版社学术出版经费资助项目

目录

前 言

编这本小书的契机是在 2016 年 8 月，四川省委宣传部和文化厅决定承接中国第二届考古大会。是年 7 月下旬，四川省文物考古研究院和三星堆博物馆联合主办的"三星堆祭祀坑发现 30 周年暨三星堆与世界上古文明国际学术研讨会"正在广汉召开，省委宣传部甘霖部长听说来了一大批中外学者，很想见见专家们，听听大家对三星堆和四川考古研究的建议，嘱咐我联系了 10 多位中外专家。在会议期间的一个晚上，甘部长在武侯祠博物馆会议室里接见了大家并和专家做了长时间座谈。在那次座谈会上，中国考古学会王巍会长发言中，介绍到学会正在选择第二届中国考古大会的承办单位和举办地时，甘部长立即插话说，他个人意见请中国考古学会考虑让四川承办，同时也请四川省文物考古研究院会后认真论证一下必要性和可行性，报文化厅和宣传部后再正式作答。

我们很快拿出的方案中，就有考古大会期间，在自筹经费新建成启用的三星堆工作站新区新楼里办一个"原点·摇篮——三星堆考古历程展"的计划。四川承办第二届中国考古大会事很快获批，筹备工作也很顺利，我们的展览也在中国第二届考古大会召开前夕的 2018 年 9 月正式开展。本书基本就是以那个展览的内容大纲为基础编写而成。

当时我们是想利用工作站新楼，办一个常设的，专业兼科普，雅俗共赏的三星堆考古展览，进而和三星堆博物馆、三星堆遗址联动，一并纳入三星堆考古遗址公园开放参观景点。

不少人认为，是2021年三星堆新祭祀坑发掘导致三星堆考古热，以我的亲身经历看来，其实自1986年两个祭祀坑发现后，三星堆考古一直很热，只不过2021年的新坑发掘让其更热罢了。老坑发现后到新坑发现前这二十多年，我在国内外做过几十次三星堆为主题的讲座。三星堆遗址虽然很重要，但毕竟偏居西南，省外专家关注度不如本地专家高，对社会大众而言，不少人第一眼看到大为吃惊，将其比喻为"天外来客"。考古专家的任务，就是从专业的视角，以科学研究的成果，告诉大家一个真实的三星堆。在工作站这种地方，三星堆考古调查、发现、发掘、研究史的展示尤为必要，把这些向大家讲清楚了，社会大众的很多疑惑自然也就烟消云散。

总结起来，无论面对老祭祀坑还是新祭祀坑，很多听众的问题其实是一样的。但每次讲座面对提问，都还得不厌其烦解答。2021年新坑发现后，我的讲座采取既开列严肃书单，也介绍科普著作，并穿插介绍三星堆考古史上各时期代表性专家的方式，并特别告诉大家，具备有一定考古学理论方法知识，是讨论三星堆考古的根本前提，读过三星堆考古"简报"和"祭祀坑发掘报告"，是研究三星堆文化的重要基础。几年演讲走过来，自我感觉效果还不错。但报告再频繁，听众总有限。由此我们想到，何不将这个展览大纲整理出版呢？这一想法得到文物出版社张自成社长及社里同仁的大力支持，于是我请大纲编写者，有考古专业知识系统训练背景的刘佳君女士再接再厉，继续协助，编成此书。山西大学考古文博学院青年教师赵国良也参与了本书的编写。

在大纲编写过程中，我们得到四川文物考古研究院和三星堆博物馆的大力支持，也参考了有关单位和个人以前编写过的类似大纲，在此一并致谢。特别要感谢在三星堆考古一线工作过的陈德安、陈显丹和仍在一线的雷雨站长、冉宏林副站长、万娇研究员和摄影师江聪提供的帮助，还要感谢曾在四川省文物考古研究院工作过的赵宠亮的支持。这里要指出的是，文中有的地方甚至就是直接引用他们的资料或成果，受本书体例所限，恕不一一列出。

可能有的人会疑惑，新祭祀坑都发现了，还对过去的事絮絮叨叨有啥意义呢？我们的看法正相反，任何科学研究都离不开学术史的追溯。了解三星堆考古史，对研究者是基本要求，对更多的想刨根究底破解三星堆之谜的社会大众，更是必修功课。

特别是广大的社会人士，翻看此书之后，若您能了解到科学认识三星堆可看看哪些书籍；或能助您了解三星堆之谜；又或能更方便您找到三星堆探秘路径；再或能助您认识到今天的中国考古事业是几代人前赴后继的接力赛中的一棒，未来要更辉煌也必须是来自今天考古人的辛勤劳动这个道理，那就真不负我们办展览，并将展览文本转化成书籍的初心了。

高大伦

2023 年 11 月 30 日于太原山西大学

序篇

三星伴月堆

　　三星堆遗址位于川西平原北部。川西平原是沱江上游一系列冲积扇连接而成的冲积平原，其东南缘是龙泉山山脉，西边是岷山山脉南麓茶坪山，北面有石亭江、绵远河南来，西北面鸭子河、马牧河、蒙阳河蜿蜒向东南，最后在今广汉市①南面汇入沱江。

　　遗址所在区域以侵蚀冲积平原地貌为主，同时又被丰富的水系分割为大小不一的脊状阶地，还有零星的"土埂"或"土包"，有的已被证实为人工形成或城墙堆积。

　　遗址区整体地势自西北向东南缓降。鸭子河紧贴遗址北面自西向东流过马牧河位于遗址中部，呈"几"字形自西横穿。关渠堰二号支渠在鸭子河和马牧河之间，向东穿过遗址。

●残存的三星堆土堆（2000 年）　　●三星堆遗址保护标志

---

① 1988 年 4 月，经四川省人民政府转报，国务院批准，同意撤销广汉县，设立广汉市（县级），由省直辖，以原广汉县的行政区域为广汉市的行政区域，四川省人民政府委托德阳市代管。因此后文以 1988 年 4 月为界，之前称"广汉县"，之后称"广汉市"。

所谓"三星堆"，就是在今广汉市南兴镇的三星村内，有一段约为两百米长的"土梁埂"上起伏相连的三个黄土堆，因其形如星辰，又与马牧河对岸真武村弯月形的二级阶地隔河相望，故称"三星堆"。清嘉庆《汉州志·山川志》中记："治西十五里，有'三星伴月堆'。"

早在新石器时代晚期，三星堆一带就有早期先民繁衍生息。历夏、商、周，曾"建都立国"，成为四川地区古蜀国的政治、经济、文化中心。清乾隆《汉州志》中记："汉州，禹贡梁州之域，古蜀国地，商周因之。秦惠王九年伐蜀，置蜀郡。汉高帝六年分蜀地置广汉郡于乘乡，领十三县，广汉名始此。"清代的汉州，即今之广汉。

上篇 历史

满天星斗

第一章
最初的发现与清理
（1927-1946 年）

一 偶然发现

1. 燕道诚父子的发现

1927 年[1]，广汉县南兴镇西北鸭子河南岸的真武村月亮湾台地上，村民燕道诚和儿子燕青保在自家门前准备挖坑安装水车，在掏沟底时[2]，无意间挖出一块石板，石板下是大小石环、玉刀等满坑玉石器。

燕道诚本是有功名的读书人，意识到这些玉石器的不寻常，就地掩埋后于夜间返回取出。清点后，计有璧、璋、琮、钏、珠、刀、斧及玉料等各类玉石器 400 余件。

时任华西协合大学[3] 教授的戴谦和（Daniel Sheets Dye）对此事有如下记载：

---

[1] 关于三星堆最早的发现时间有 1927 年和 1929 年两种说法。其中 1929 年说主要源于燕家人回忆，1927 年说主要源于四川大学博物馆（前身为华西协合大学博物馆）的旧藏档案。本书采用 1927 年说。

[2] 一说水渠淤堵，水车抽干水后，在水渠内发现。

[3] 华西协合大学由美国、英国、加拿大的 5 个教会组织创办于 1914 年，于 1951 年更名为华西大学。

●燕家院子旁早年出土玉石器的流堰河

大约四年前，一位思想较开明的农民准备在这条明代开凿的灌渠上架一部牛拉水车，就在他疏淘灌渠底部时，挖到了地下更深处的古代文化层，并发现数枚形体很大的砂成岩圆形石器，或称大石圈，以及质地更坚硬的石凿、石斧、石矛等。

——《四川古代遗迹和文物》

●燕道诚（居中坐老者）全家合影

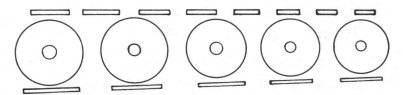

●燕氏最先发现的古墓示意图。墓顶被按大小顺序水平摆放的石璧覆盖。墓两侧也由大到小依次竖排着两列石璧。

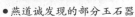

●燕道诚发现的部分玉石器

2. 董宜笃的搜集与记录

1931 年春，住在广汉县大北街圣公会的英籍基督教传教士董宜笃（V.H.Donnithorne）听说月亮湾出土了玉石器，很感兴趣，便请求广汉驻军陈离旅部旅长 ① 陶凯协助搜集。陶凯答应了董宜笃的要求，去月亮湾找燕道诚借走五件玉石器。随后这五件器物又被带至成都，请求华西协合大学的美籍教授戴谦和鉴定。

董宜笃记道：

> 作为一个外国人出面获得这批散失在私人手中的器物，是不妥当的，理应通过当地县官办理。为此我催促陶旅长出面，做必要的宣传，尽快寻回散失器物，以便把它们保存下来。当时陶旅长表示同意，如可能的话他会带来几件石器。没过几天，他拿来五件石器（现藏于华西大学博物馆）。陶旅长说这批器物是一位农民造田所发现。据他本人讲，他不愿意卖给我和其他人。他现在借给陶旅长，此后是要退还的。陶旅长要我短期保存下来。次日我乘车返蓉，交给戴谦和（D.S.Dye）保管。几天后，我遇见陶氏就向他请求，尽量能为博物馆收集这类器物。不久他与燕氏带来了在他的田里发现的几件石器，后者对此产生了疑惑，不知我要这批石器有何用途。陶氏也对这次发现产生了极大兴趣，并想把采集到

---

① 关于陶凯的职务，有旅长和团长两种说法，董宜笃记载中称为旅长；而据广汉第一位文物调查员——敖天照所述"这个传教士不简单，他（董宜笃）是英国剑桥大学的哲学博士，喜欢中国历史古迹，他找到基督教信徒陶凯。陶凯是广汉驻军的团长，1930 年还当过广汉县长。"本书依董宜笃记称为旅长。

● 当时发现的部分打制石器

　　的石器保存在博物馆里。最后燕氏把自己的五件石器送给陶
　　旅长，他作为礼物又送给博物馆保存。

——引自《汉州（广改）发掘简报》

3. 戴谦和与葛维汉的促进

　　戴谦和是美国丹尼森大学（Denison University）科学博士，时任华西协合大学物理学教授[①]，他当时即断定三星堆出土玉石器为商周遗物。

　　1931 年 6 月，戴谦和同董宜笃在广汉县找到陶凯，一同去出土玉石器的月亮湾现场调查考证。燕道诚听说他挖出的玉石器很有研究价值，即刻将家里仍存的玉刀、石环等送给戴谦和带回华西协合大学博物馆保存。

　　戴谦和将玉石器带回成都后，引起了华西协合大学博物馆馆

---

① 　戴谦和 1910 年开始担任华西协合大学物理学教授，同时他也是地质学家，研究成都平原的地质、土壤、气候等。因对地质学的贡献，1943 年被英国皇家地质学会吸收为会员。

● 罗县长像

长葛维汉的注意。葛维汉（David Crockett Graham），美国芝加哥大学宗教心理学硕士，并在哈佛大学学习考古学。1932 年任华西协合大学博物馆馆长，兼任人类学教授。

1933 年秋，为了详尽地了解玉石器的出土情况，葛维汉等决定到广汉月亮湾去进行一次考古发掘。在得到四川省教育厅颁发的考古发掘执照和广汉县政府的发掘批准手续后，1934 年 3 月 1 日，葛维汉同华西协合大学博物馆副馆长林名均同赴广汉县月亮湾现场。

因此前当地存在乱挖现象，经广汉县罗县长协调，最终决定以县政府名义主持发掘，并派驻 80 名士兵保护，同时邀请葛维汉到现场技术指导。3 月 16 日，三星堆的初次发掘开始了。

● 陶凯赠送给华西协合大学博物馆的玉琮

● 董宜笃赠送给华西协合大学博物馆的玉琮

● 燕道诚赠送给华西协合大学博物馆的石璧

二 初次发掘

三星堆的初次发掘，将发掘地点选在了燕家发现玉石器的沟底。首先在沟底附近以探沟法找到了燕氏父子发现玉石器的坑，又通过淘筛沙土发现了近百件玉石器残件和陶器残片。最终经过10天的发掘，清理了三条探沟和三个探方，共出土、采集了600多件器物。

葛维汉记载如下：

1933年秋，作者希望能获得有关华西大学博物馆收藏的玉器更多的信息，乃函询董宜笃牧师。相互通信的结果，萌起一个念头，就是想找更多类似的器物，可补原资料确切年代之缺略，并鉴定这种文化的族属。打算带上所需用工具，前往该遗址发掘。对于这次器物发掘的一些调查工作，还需经县政府的批准和取得四川教育厅的发掘执照。

3月1日，笔者来到广汉，与当地官员对此次发掘作最后安排。令人吃惊的是一些当地群众已开始发掘遗址，罗县长说明若不作科学发掘，就会遭受不可弥补的损失。他禁止了群众发掘，然后以县政府名义邀请笔者，从速带上工具办理该项工作。由罗氏出面主持全部发掘事项，发掘方法则完全由笔者负责指导。

······

这次发掘使用的工具有：测量水准器、平板仪、洋铲、中外锄头、泥刀、钝刀，作为替代的橙色竹棍、竹签、标杆、扒锄、软硬刷子、钢卷尺、测量竿、大块琥珀、绘图的指南针、柯达相机等。旨在更清楚地了解地层关系，准确记载每件珍贵器物的方位和深度。

——《汉州（广汉）发掘简报》

发掘结束后，葛维汉将出土的陶器、玉石器等器形、纹饰与安阳殷墟、渑池仰韶村、奉天沙锅屯出土的器物进行了比较，推测其年代约在新石器时代晚期至西周早期，将遗址定名为"太平场遗址"，并提出了"广汉文化"的命名。

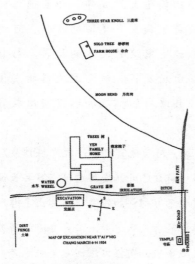

● 1934 年初次发掘示意图

由于此时近代考古学尚未系统地传入中国，因而这一阶段的工作严格来说并非真正意义上的考古工作，仅仅是为了找寻与玉石器坑出土物价值相当的文物。但客观而言，这一阶段的工作让当时国内外学者开始关注到三星堆，为后续的考古工作提供了至关重要的线索。

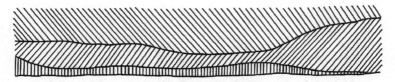

Fig. 5.　Diagram Showing the Strata on the ten foot line.

十英尺基准线地层剖面图

▨　Surface layer of recent black dirt.

▨　Stratum yielding ancient potsherds，etc.

▨　Stratum of sterile brown clay，containing no sherds ner any other signs of human workmanship.

——Datum plane.

（1）现代地表黑土层

（2）含古代陶片等包含物的地层

（3）褐色生土层，未见陶片等任何包含物

（4）基准面

● 初次发掘地层示意图（本页图照均出自葛维汉《汉州（广汉）发掘简报》）

● 首条探沟发掘过半

● 首条探沟接近完成

●葛维汉（右一）与担任此次发掘副领队的林名均（左一）及部分协助发掘的当地乡绅合影（鉴于匪患严重，当地政府对发掘工作派兵保护）

●葛维汉与考古发掘人员的合影

● 田野工作中的葛维汉

● 1935 年 3 月出土的石斧、石刀

● 出土于扰动地层的石杵

●1934年3月出土的石璧

●自左至右：玉环、玉琮、玉瑗、玉凿（其中玉琮为此次出土，余系购得）

●玉石珠、青石珠及绿松石珠

●出土陶器残件（自左至右：平底盘、大陶罐、小陶罐）

●高柄豆的长豆柄残件

●经拼合的陶片

●经葛维汉和林名均修复的陶罐

●华西协合大学博物馆藏汉州出土器物

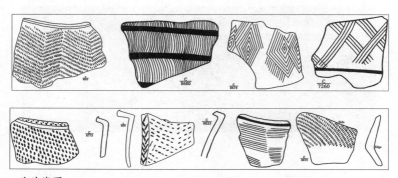

●陶片线图

初次发掘后，林名均总结到：

　　蜀在禹贡为梁州之域，山川重障，交通梗阻，自秦惠王九年司马错伐蜀灭蜀之后，始正式入于中国版图，与中原之交通，遂日见其繁，而文化亦因大开。然自此之前，蜀之情况如何？其文化究与中原有何影响？史家均缺言之，实犹有待考古学家之努力追寻者也。十年前，广汉太平场（今属南兴）忽有古代器物之发现，复经华西大学博物馆前馆长葛维汉博士与作者前往该处发掘，获得陶器、石器颇多，经研究结果，知古代蜀国文化，非若吾人想象中之幼稚，且与中原文化有若干相关之处，可补古史之缺略。

——《广汉古代遗物之发现及其发掘》

初次发掘不久，林名均与葛维汉致信郭沫若，向他介绍了发掘情况，并随附大量照片。后者特于海外复信林名均，表示对发掘工作的支持并表达了自己的看法。复信全文如下：

林名均先生：

很高兴接到你和葛维汉先生的信，谢谢你们的好意，送给我如此多的照片、图片以及戴先生发表在《华西边疆研究学会会志》上的文章，并且告诉我有关发掘的详细情况。你们真是华西科学考古的先锋队。我希望将来你们能取得更大的成绩，研究古代的遗迹和建筑、雕刻、坟墓和洞穴。这一工作将产生丰硕的成果。与此同时，我也希望今后会有一系列的发掘以探索四川史前史，包括民族、风俗以及它们与中国其他地区相接触的历史。这些都是十分重要的问题，我很遗憾，我不能归国协助你们的发掘。

你们在汉州发现的器物，如玉璧、玉璋、玉圭均与华北、华中发现者相似。这就是古代西蜀曾与华中、华北有过文化接触的证明。"蜀"这一名称曾先发现于商代的甲骨文，当周人克商时，蜀人曾经前往相助。此外，汉州的陶器也是属于早期的类型。你们认为汉州遗址的时代大约是西周初期的推测可能是正确的。如果将来四川其他的地方尚有发掘，它们将显示出此文化分布的区域，并提供更多的可靠的证据。

根据你们的要求，我将我写的两本有关中国考古学的书送给你们，并且请书店直接将最近出版的一本送博物馆，另一本送葛维汉先生。以后如有新作，我也将再送给你们。

现在我很忙，就此搁笔。

祝你们取得更大的成绩。

沫若

1934 年 7 月 9 日

三 初步研究

1937 年，由于全面抗战爆发，对三星堆的发掘工作暂时搁置，直至 20 世纪 50 年代才再次启动。不过，虽然暂停了田野工作，但这段时间内对初次发掘的研究仍在进行。

研究成果方面，较有影响的主要有两种：1942 年，《说文月刊》发表的林名均作《广汉古代遗物之发现及其发掘》；1946 年，《华西大学博物馆专刊》出版的英国剑桥大学郑德坤撰《四川古代文化史》，其中辟有《广汉文化》专章。

在《广汉古代遗物之发现及其发掘》一文中，林名均对遗址年代提出了新的看法。

广汉出土遗物，为研究便利计，可分成三部分：一为溪底出品，包括燕氏所获及吾人在同一地点所淘得者；一为溪岸正式发掘所得，有层位可考者；一为购买所得，以其正确性较少，不可混为一谈。

……

广汉出土各遗物，其时代颇难决定，在葛氏报告书中，曾假定其为周初之物，彼以发掘所得之石器陶器与溪底墓坑中之物，应属于同一时代。其重要证据为溪岸坑中曾获残璧一块，与琬琰粗者质料相同。然玉器之变化甚少，且偶尔掺入，亦非不可证之事也。

于此，吾人有一新假定，即二者本不属于同一时代，将溪岸出土之物与溪底遗物分开。盖吾人在溪岸发掘时，绝无一片铜器或铁器发现，以石器及陶器之原始形制观之，实可谓其属于新石器时代。惟陶器中有与城子崖之黑陶相类者，故吾人推定溪岸坑中所得之遗物，属于新石器时代末期而殷周以前也。至于溪底墓中之物，其时代较晚，当为周代之物，盖所发现之玉器，与《周礼》所称，多所吻合。

——原载于《说文月刊》第 3 卷 7 期，1942 年

1946 年，郑德坤在《广汉文化》中，依据葛、林的田野记录和发掘所得，对遗址的性质和年代进行了重新探讨。

四川广汉文化遗址位于县西北十八里之太平场。去场二里许有小庙曰真武宫位于土坡之上，土坡高出周围平原约

四五十尺，即古代文化之遗址也。

……

广汉文化之关键在于土坑中之遗物。葛林龚三民并以为系古代墓葬，然上古墓葬之发现记载，未闻有以石璧列为棺椁之墙壁者。假定实有此制，石璧左右及上三方陈列，是该墓前未经发掘甚明，然则何以燕氏发掘之时，未闻有人骨之发现？古代墓葬必有明器，而此土坑所藏仅石器玉器之属。假使林氏据晋君所闻，称石璧叠置如笋，横卧泥中之说可靠，则广汉土坑为墓葬之说，可不攻自破矣。

窃疑广汉土坑应为晚周祭山埋玉遗址，坑形大小深浅虽与墓穴略同，而其功用则全殊。

……

可与山经之著作年代相印证，是广汉土坑文化之年代，或可定为东周，约为公元前七零零至五零零年也。

……

土坑在文化层中为闯入品，其开凿应在此居住遗址荒废之后，是文化层之年代应在土坑年代之前。今以文化层出土石器陶器与中国各地新石器晚期之遗物比较，不但石器至相仿佛，即粗陶细陶亦多相同。诸遗物中绝无石镞及铜器之发现，一方面可以证明其有四川史前文化之特质，一方面亦可证明其年代应在铜器盛行以前。然则假定广汉文化层为四川史前文化新石器时代末期之遗址，正在土坑时代之前，当无不可，其年代约在公元前一二〇〇至七〇〇年以前。

——原载于《四川古代文化史》，1946 年

第二章
早期的调查与发掘
（1951-1986 年）

一 调查与小规模发掘

1. 四川省文物管理委员会的调查

20 世纪 50 年代，为配合宝成铁路（宝鸡至成都）和川陕公路的修、扩建，四川省文物考古工作者对相关铁路、公路沿线进行了考古勘探和调查。调查首先选择的地点就是宝成铁路从成都出发必先经过的新繁和广汉。

1956 年春季和秋季，四川省文物管理委员会的王家祐、江甸潮两位先生对新繁水观音遗址和三星堆遗址中的月亮湾和横梁子进行了调查。分别定名遗址的南北两部分为"三星堆遗址"和"横梁子遗址"。

在田野调查之外，王家祐还来到最初发现者燕青保家中深入采访，燕氏将家中仅有的玉石器交给了王家祐，现在四川省博物院收藏的部分三星堆玉石器即为此时征集的。

1958 年第 8 期《考古通讯》刊载了王家祐、江甸潮的调查报告：

三星堆在马牧河西岸，与横梁子隔水相望。马牧河现在干涸，两岸成了台形的农田。河右岸，最高一级台地上的一座土岗即是"三星伴月堆"。这座土岗纵长大约四百米，偏近南北方向。土岗上有一道约一米宽的小路穿过其间，把土岗截成南北两段。北段上又因人工关系挖成"凹"形，使全堆变成了三个高点，加上堆微偏成弯月状，这可能就是"三星伴月"的由来。

……

这批陶片与四川各时代墓葬出土的陶器及成都青年宫遗址的陶片、器形、特征相比，都有显著的区别。所以我们初步认为这三个遗址（相当于殷周时期）的文化，与战国以下的文化会是不同的文化系统。

——《四川新繁、广汉古遗址调查记》

2. 四川大学历史系的调查与发掘

1958 年，四川大学历史系考古学教研组结合三年级考古学通论课程实习，对广汉中兴公社（今南兴镇）古遗址再度进行了田野调查。此次调查采集了部分陶片及石器 17 件，并通过器形和纹样对比，将广汉遗址与新繁水观音和成都羊子山等遗址联系在一起，并明确他们都属于同一种文化类型——蜀文化。

为进一步了解遗址的内涵和堆积情况，1963 年 9 月，在四川大学冯汉骥先生的倡导下，四川省文物管理委员会和四川大学历史系考古教研组联合组成考古队，对月亮湾进行正式的考古发掘。

此次发掘由时任四川省博物馆馆长、四川大学历史系教授兼

●1956 年四川省文物管理委员会办公室考古队在燕家院子

●1956 年在燕家院子调查

考古教研室主任的冯汉骥负责，参加发掘的有四川省文物管理委员会的张才俊、戴堂才、李显文，四川大学的童恩正、宋治民、马继贤等人，以及四川大学历史系考古专门组的学生 15 人，另有广汉县文教科谭锐和中兴公社王文江协助。发掘期为 1963 年 9 月 20 日至 12 月 3 日，实际发掘 40 天。此次发掘在燕家院子附近选择了三个点，共发掘 150 平方米，除玉石器、陶片、骨器、青铜器残片外，还发现了房址、墓葬、建筑基址等遗迹。

三十年后，马继贤先生整理公布了此次发掘的资料：

首先，这是建国以后第一次对该遗址科学的发掘，为学术界提供了一批有地层依据的可信资料，有助于对后来三星堆附近发掘的资料进行对比研究。

其次，第一次从地层学和类型学上对月亮湾的发掘进行分析对比，指出该遗址是属同一文化的不同时期的堆积。

第三，纠正了 1949 年以前一些学者的错误观点。比如当年葛维汉在燕家院子前面出玉器的坑中发掘时，曾把含红烧土的层次误认为是由于烧窑所致，故定为"窑层"。他还根据当地传说与月亮湾梁子上曾暴露出汉砖等现象，从而认为这是汉代的废墟。经发掘知道，地层中的红烧土堆积，是房屋建筑倒塌之遗迹。月亮湾梁子上有东汉墓的遗留，并非汉代的人工建筑废墟。

最后，在遗址的第二层发现了残铜器、炼渣、孔雀石及坩埚残片，表明该层处于青铜时代，而且铜器是本地制造的。这为将来在更大范围内寻找冶铜遗迹提供了线索，同时也为未来研究三星堆出土的极具特色的铜器群提供了有力佐证。

——《广汉月亮湾遗址发掘追记》

当时冯汉骥先生在发掘现场的指导中，很有预见性地指出："这一带遗址如此密集，很可能是古代蜀国的一个中心都邑。"这次发掘首次对文化层按土质、土色进行了划分，对遗物分层搜集并进行分析对比，指出该遗址的文化遗存是属于同一文化的不同时期的堆积，使三星堆遗址的分期认识成为可能。

3. 冯汉骥与童恩正的研究

这一时期主要的研究著作为冯汉骥和童恩正合著的《记广汉出土的玉石器》。文中分别论述了玉斧、玉璋、玉琮、玉钏、石璧五类器形，认为它们基本上都属于礼器。同时认为发现玉器的地点，即为其手工业作坊所在地。并从考古学的角度，证明了古蜀文明的存在以及和中原文化的密切联系。

文中称：

> 在秦灭巴蜀以前，四川地区是被称为"夷狄"之国的，所以《汉书·地理志》说："巴蜀广汉本南夷，秦时通为郡县。"广汉玉石器的出土，说明蜀国的统治者早在西周时代即已经有了与中原相似的礼器、衡量制度和装饰品。这对于研究蜀国的历史有重要价值，而且再一次证明了四川地区和中原悠久而紧密的历史联系。

——《记广汉出土的玉石器》

●1963 年冯汉骥（中）在考古现场

●1963 年考古发掘现场

二 抢救性发掘

20 世纪 70 年代，三星堆遗址区范围内陆续建起了数个砖厂，在高出地面的三星堆土台和东面的高土埂上取土制砖。对遗址造成了严重破坏，大量的陶器残片及玉石器、玉石料等暴露在地表。广汉县文化馆文物干部敖天照发现后，立即向四川省文物管理委员会办公室沈仲常进行了汇报。

四川省文物管理委员会首先派考古队队长胡昌钰和摄影员江聪来到三星堆，在取土现场发现大量文化层和遗物，但因故并未立即发掘。直到1980年春，四川省文物管理委员会赵殿增、范桂杰、胡昌钰、李昭和到三星堆，目睹文化层丰富的一个半堆子的土梁埂已被挖完，认为抢救发掘势在必行。三星堆遗址的考古发掘工作提上了日程。

1. 村民的发现

1974年，真武村四队村民在梭子田发现一坑经人工打磨过的玉石数十件，质地坚硬细腻，后被认为可能是商周时期玉石作坊的坯料坑。后来又在附近鸭子河边发现了大玉石料，亦有经人工切割的痕迹。

1976年9月，广汉县高骈公社机制砖瓦厂挖排水沟，在距地表75厘米深处发现玉器3件。

1980年，真武村二队村民在挖自留地时，发现残石璧及红烧土块。涨水季节，又有村民在鸭子河边拾得陶盉、陶豆、陶器残件等物。

● 20世纪70年代末的三星堆砖厂取土现场

●20 世纪 80 年代砖厂取土中发现的陶器

●20 世纪七八十年代村民手举零散发现的三星堆文物

●20 世纪 80 年代文物干部在现场调查

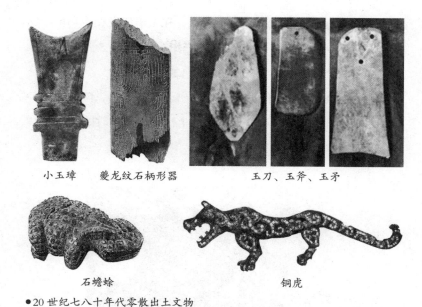

小玉璋　　　夔龙纹石柄形器　　　　　玉刀、玉斧、玉矛

石蟾蜍　　　　　　　　　铜虎

●20世纪七八十年代零散出土文物

　　1981年以来，三星堆仁胜村村民陆续在鸭子河边拾得玉质瑝圭、玉凿、小玉璋、青铜虎等器物。

2. 连续发掘的开端

　　1980年5月，四川省文物管理委员会与广汉县文化部门组织力量，在三星堆遗址第三个土堆旁，试掘了5个5×5米的探方。由沈仲常、赵殿增任正副领队，王有鹏主持，戴福森、罗军、敖天照参加发掘。根据试掘发现的陶片和部分石器，王家祐、沈仲常、李复华等认为有必要进行深入发掘。由此开始了对三星堆遗址长达20年不间断的大规模科学发掘。

　　1980年11月，四川省文物管理委员会的王有鹏、莫洪贵、陈德安、陈显丹，广汉县文化馆的敖天照，绵阳市梓潼县七曲山大庙文物管理所的谢继迅组成考古队，在上半年发掘点周围，又发掘了 5×5 米的探方 44 个，发掘工作至 1981 年 5 月结束，加上试掘的 5 个探方，当年发掘面积共 1225 平方米。

20 世纪 80 年代初的发掘，不仅出土了玉石器、陶器、陶片等标本上万件，还第一次在成都平原上清理出商周时期的房址 18 座、灰坑 3 个、墓葬 4 座。

●1980 年三星堆考古发掘现场

●1980 年发掘的三星堆居住遗迹

3. 中国考古史上的首次航拍

至 1981 年 4 月 18 日，三星堆遗址 1000 多平方米发掘现场的清理工作已接近尾声，还需对遗址进行绘图和拍照记录工作。当时考古队所用的相机是海鸥 4A-120，难以拍摄到遗址全景。考古队的陈显丹看到中国民航广汉飞行学院教练机经过考古工地，受到启发，提出是否可以借助飞机拍照。但民航学院的专家来到现场后发现，由于遗址面积太小，按照教练机的飞行速度，不到一秒钟就会飞过遗址，若高空拍摄目标太小，而低空拍摄则危险较大，无法完成。但考古队并未放弃空中拍摄的想法，又想借用成都空军的直升机来拍摄。于是，四川省博物馆副馆长贾克带着考古队副队长赵殿增和队员陈显丹来到成都空军司令部提出申请。经过向中央军委总参谋部请示，成都空军司令部同意在 1981 年 4 月 23 日，派出直升机从凤凰山机场起飞，进行遗址拍摄工作。

4 月 23 日 10 点，陈显丹和摄影师陈湘华、邹德三人登上飞机准备航拍，但由于航拍经验不足，在空中并未找到拍摄目标，首次空中拍摄以失败告终。

经过总结，考古队决定在地面的两座砖厂间点燃两堆烟火，用来在空中明确目标。4 月 25 日 11 点，赵殿增、陈显丹和摄影师陈湘华再次登上飞机，这一次终于找到了遗址目标。

此次拍摄采用考古队当时最先进的玛米亚相机，首先拍摄了发掘现场全景，又在离地面 15 米处停留，拍摄了房屋基址的照片。经过半个多小时努力，拍摄终于完成。

由于经验不足，遗址局部的航拍照片并不十分理想，但作为

●1981 年参与航拍人员在直升机前留影

中国考古史上的首次航拍，意义仍十分重大。

4. 重点专项的发掘

1982 年 6 月 14 日，时任国家文物局文物处处长庄敏到三星堆遗址考察。认为从鸭子河对地表的冲刷以及砖厂取土的破坏情况来看，抢救性发掘迫在眉睫。至此，三星堆遗址被列为重点考古发掘工地，由国家文物局拨专款，连续在此进行专项考古发掘。随后，通过对遗址的全面调查，初步划定了遗址保护范围。

1982 年 8 月，由广汉县人民政府发布《关于加强月亮湾、三星堆遗址保护工作的报告》，改变了之前"不能因为文物保护就不要农民吃饭"的态度，强调了遗址保护的重要性。此后，四川省、广汉县文物部门联合考古队在该遗址先后进行了十多次考古发掘。

1982 年，由陈德安、陈显丹主持野外发掘工作，在马牧河南岸发掘出了四川第一座 4000 年前的陶窑。

经过此一时期连续、专项的发掘，以及发掘期间对遗址较为全面的调查，确认马牧河两岸不同地点的文化堆积应同属于一个大遗址，该遗址的范围约在 12 平方公里以上，是四川迄今发现规模最大的一处古文化遗址。经研究，将遗址定名为"三星堆遗址"，年代分为四期，完善了巴蜀文化的考古学文化序列，并正式提出了"三星堆文化"的命名。

5. 苏秉琦对三星堆的关注

1984 年 3 月，由国家文物局主持的第一次"全国考古发掘工作汇报会"在成都召开，各省的考古负责人在会议上对各自考古新发现进行了汇报。其中四川省近两年的工作成果，尤其是三星堆遗址，引起了代表们的极大兴趣。

会议期间，苏秉琦先生专门来到四川省文物管理委员会库房参观三星堆遗址的标本。

在会议闭幕式上，苏先生发表了对考古学科发展具有指导意

● 1982 年时任国家文物局文物处处长庄敏进行考察工作

● 1982 年省县文物部门联合考古队进行调查

●1984 年发现的双耳高足杯、石人像、陶瓶

●1984 年发现的红烧土和石璧堆积遗迹

义的重要讲话《提高学术水平，提高工作质量》，其中特别插入了对巴蜀文化的看法。他说：

> 在我未来成都之前，我不知道什么叫巴蜀文化。四川出土的东西有些什么，这我有印象。巴蜀文化是什么，说不清楚。但是，当我看过四川省博物馆、文管会的工作成果之后，啊！我看到巴蜀文化了。这就是广汉月亮湾、三星堆，还有成都方池街的标本，还有在博物馆陈列的忠县㽏（gàn）井沟的尖底器等。
>
> ……

巴蜀文化有它自己的诸多特征因素，但并不只是哪一种东西。我们现在说"初步形成"，是说像月亮湾、三星堆和方池街的材料，虽然主要是一"破"陶器，倒是成系统的。

……

四川有这样一批材料和工作成果，我看这就是生长点。过去四川的材料也积累了不少，为什么不是生长点呢？因为不成系统。成系统，问题就多了，需要我们重新认识它的渊源特征、发展道路跟周围的关系等等。没有这些工作，找不到重要的生长点在哪里，我们就谈不上田野考古的针对性。

——苏秉琦《提高学术水平，提高工作质量——在文化部文物局考古发掘工作汇报会上的讲话（1984 年 3 月）》

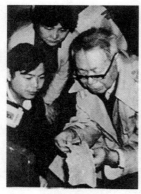

●1984 年苏秉琦先生在四川观看出土标本　　●苏秉琦先生在三星堆考古座谈会上讲话

6. 古城的确认

从 1976 年真武村砖厂在土埂中取土开始，就陆续有不少陶片和石器被发现。1984 年在西泉坎发掘期间，考古队开始怀疑土梁埂可能是人工堆积，即刻要求砖厂停止在此取土。后来在该梁埂北端的"马屁股"梁子断面上，发现土梁底部埋压着丰富的文化层。

1984 年 9 月，赵殿增到真武村土梁考察后，与考古队领队陈德安商定，在土梁中段用探坑进行调查，结果发现梁埂内部的填土包含有陶片、红烧土块等物。由此证明，这些土梁埂并不是自然堆积，而是人工建造。

1985 年春，考古队在三星堆一段残存的土梁断面上试掘，发现叠压在三星堆一期文化层上的土梁是人工夯筑的，按其位置及文化内涵推断，可能是一段商代早期的南城墙。此外还有西边的

●1984 年三星堆遗址发掘现场

戴家梁子（长 600 米），以及东边的陈家梁子（原长 1800 米，残存 1100 米）。由此，东、南、西三面有城墙，北边有鸭子河，城中有古马牧河从西北向东南穿城而过。由此，一座转角无城墙、未封闭的商代早期古城得以确认。

除城墙外，房址、墓葬、陶窑、石器作坊等遗迹的发现，说明三星堆时期已有了明确的社会分工，经济较为发达。

这一时期的发掘人员增加了雷雨、巴家云、冯六一。

三　大规模发掘

1. 联合发掘实习

三星堆遗址丰富的文化遗存，引起了省内外文物考古部门的关注。四川大学历史系考古教研室率 1984 级考古专业师生来到三星堆遗址进行田野考古发掘实习。

1986 年春，四川省文物考古研究所[①]、四川大学历史系和广汉县联合成立了发掘领导小组。四川省文化厅文物处处长高文任组长，四川省文物考古研究所陈德安、陈显丹担任正副领队，四川大学考古专业师生 20 多名参加发掘，考古教研室主任林向老师共同担任领队，霍巍、李永宪、陈小龙等教师参加实习指导。参加发掘的还有四川省文物考古研究所的胡文超以及德阳市所辖的

---

① 1984 年 12 月，经四川省编制委员会批准，四川省文物管理委员会（办公室）增挂“四川省文物考古研究所”牌子，实行一套机构，两块牌子。1986 年，四川省编制委员会核定四川省文物考古研究所事业编制 90 人，下设田野考古工作队、地面文物工作队、文物保护技术工作队、《四川文物》编辑部、秘书科等部门。

●1986 年发掘开工典礼

什邡、绵竹、中江、广汉等地的文物干部。

3 月 5 日，在三星堆遗址展开了历史上最大规模的考古发掘。考古工作人员和参加发掘的民工最多时达 130 余人。

参加实习的学生有：

第一发掘区：宋建民、王书敏、任忠、向渠奎、黄海（四川）、张文彦、唐云湘、兰一芳、雷玉华、许蓉 10 人，辅导老师李永宪。

第二发掘区：万立新、杨帆、梁银、杨军（江西）4 人，辅导老师霍巍。

第三发掘区：张雪晨、杨军（贵州）、刘章泽、朱章义、黄海（江西）、白彬 6 人，辅导老师陈显丹。

2. 三星堆走近千家万户

在此次三个多月的发掘中，发掘了 5×5 米的探方 53 个，总面积达 1325 平方米。共清理出房屋遗迹 20 多处、灰坑 104 个，出土大量陶器、玉器、动物陶塑、石人雕像以及漆木器等遗物。在划分的三个发掘区中，第三发掘区最为重要，发现的文物最

●1986 年第一、第二发掘区

●1986 年第三发掘区

多，文化层堆积最厚，达2.6米，早晚地层堆积最多的可分16层。三星堆历次的发掘都能够在这里的16个地层得到印证，为四川新石器时代晚期到夏商周的考古研究建立了一个年代学的体系。为此，当年8月24日的《人民日报》以《四川广汉三星堆遗址

●1986 年四川大学考古系 84 级全体同学和教员合影
（左起第六位为考古教研室主任林向）

发掘收获甚丰——早期蜀国都邑重见天日》为题，报道了这次发掘的收获。

　　根据发现，考古工作者初步认为，在广汉三星堆周围方圆六平方公里内，很可能是早期蜀国的一个重要都邑所在地，因某种原因，都邑被突然放弃了（现场的物件和房屋保存很好，证明是主动放弃）。

　　过去发现的有关巴蜀文化的考古材料仅限于春秋战国时期，这次发掘，把巴蜀早期历史推前了一千余年，即距今四千五百年至三千年左右。从出土的精美物器和房屋布局，说明当时已有发达的农业、畜牧业、手工业、建筑业，显示出已达到文明社会阶段。

　　——原载于 1986 年 8 月 24 日《人民日报》、《成都晚报》

　　4月17日，国家文物局副局长沈竹、文物处长黄景略等专程到三星堆考古发掘工地视察，并同广汉县委书记叶文志等讨论了保护遗址的相关问题，提出了停办三星堆遗址内两个砖厂等具体措施。

　　4月25日，广汉县委、政府、政协、人大组织全县机关干部1000多人，在雒城影剧院参加"三星堆古遗址发掘情况报告会"，邀请四川大学林向老师作了《三星堆遗址考古发掘情况》专题报告。这次报告使三星堆遗址和三星堆文化走进了千家万户。

●1986年三星堆古遗址发掘情况报告会现场

● 1986 年发掘出土的部分器物

第三章
两座祭祀坑的发掘
（1986-1987 年）

一 一号祭祀坑

1. 一号祭祀坑的发现

在 1986 年 4 月的发掘中，工作人员曾在第二发掘区附近发现了一个小坑，坑中发现了数件铜器和玉器残件，当时推测可能为墓葬，但并未引起重视。没想到三个多月后，就在离小坑 30 米远的地方，发现了两座大型祭祀坑。

1986 年 7 月 18 日，也就是四川大学考古系的发掘实习结束一个多月后，砖厂工人在距地表 1.5 米深的地方取土时，突然挖出十多件玉石器。当时留驻在砖厂整理器物的四川省文物考古研究所考古队陈德安、陈显丹随即赶赴现场。经主管部门同意，及时安排留驻三星堆砖厂的四川大学历史系考古专业学生张文彦、朱章义、刘章泽和广汉文物干部一道，前往发现地点就地布方，进行抢救性发掘。

发掘工作从 1986 年 7 月 21 日开始，发掘之初判断该处遗迹为 "墓葬 "，至后期被确认为 "祭祀坑"。经过七天的发掘，在距地表深 0.5–0.8 米的六层地层下发现了一号祭祀坑的开口。

●一号祭祀坑发掘现场

　　一号祭祀坑共出土铜器、金器、玉器、琥珀、石器、陶器等各类器物 420 件，骨器残片 10 片，象牙 13 根。另外还出土有完整的海贝 62 枚和约 3 立方米左右的烧骨碎渣。

2. 一号祭祀坑发掘日记[①]

　　一九八六年

　　七月二十一日（星期一，晴）

　　我们开始在第二发掘区发现出土文物的地方进行布方，布方的方法是先找到我们上半年发掘探方 86GSII 区 T11 西北角的点，然后由这一点向西引出 30 米再向北引出 70 米（探方在向西、向北 30 米的交汇点布方）。这样一来，我们就可以将新布的探方纳入本区发掘探方的统一编号之中。由于不知道地下的情况和坑的大小，因此只布了两个 5x5 米的

---

① 原日记见陈显丹《三星堆祭祀坑发掘记》，原书中日记与各发掘现场照片分别刊布，并无对应。

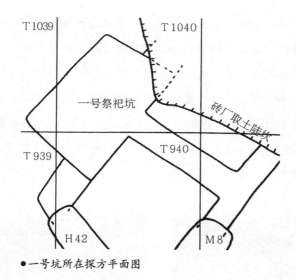

●一号坑所在探方平面图

探方，编号为86GSIIT939、T940。

七月二十八日（星期一，晴）

　　继续清理坑里的填土，由于不知道填土下的情况，只能用小手铲一点儿一点儿地往下掘，掘下去五至十厘米便在平面进行一次刮"地皮"似的搜寻遗迹现象。坑里的填土是非常的硬，我们每个人的手上都打起了泡。但是，没有一个人叫苦，仍然是聚精会神地工作，因为大家心中都明白，重大的收获即将到来。下午4点左右，在清理到距坑口约70~80厘米处时，土质从坚硬转变为较松湿的阶段，并在"左墓道口"至坑的前壁发现被火烧过的骨渣和木炭渣等。发现的骨渣都很碎小，颜色有白色、黑色、灰白色、蓝色等，在骨渣中还发现有孔雀绿的颜色，估计里面含有青铜器。发掘在继续，认识也不断地在变化，此时坑内的清理已不再是水平面的进行，而是根据坑内的遗迹现象呈斜坡状的进行清理。从坡度的情况来看，这些骨渣和木炭沫是从左"墓道"倒入的。天渐渐地黑了，鉴于遗迹出现的重要性，我们决定从今天开始进行 24 小时的作业。我们一边进行发掘，一边准备夜间工作的设施设备。晚饭后，夜间工作的准备工作就绪，我们就开始了首次的夜间发掘。

● 一号祭祀坑骨渣、木炭、灰烬呈扇面斜坡堆积。

● 一号祭祀坑揭去黄褐色夯土后所见动物骨渣、木炭、灰烬的表面场景。（骨渣有的呈白色、有的呈黑色、有的呈蓝黑色。）

七月三十日（星期三，晴）

凌晨。白天发现的"木柱"原是被火烧过的象牙，发掘工作越来越细，进入目前的工作可以说基本上靠竹签进行，几乎是一点儿一点儿的过挑。在坑内清理约一半的范围时，共计发现了 10 枚象牙、8 个铜人头像，完全是仿真人头像大小而制作的。

在凌晨 2 点 30 分，当我在坑的西北壁的中部用竹签和毛刷清理时，突然一点黄色的物体从黑色灰渣中露了出来，我继续清理，发现它是黄金制品，再继续清下去，发现上面刻有鱼纹，再继续，发现上面还有其他的纹饰，而且弯弯曲曲越来越长。此时我开始紧张起来，心想这可能是古蜀王的一条"金腰带"，为何这样想呢，因为在此之前，曾在什邡发现了一条十二生肖的金腰带，故有此想法。此时此刻，我一方面为这一重大的发现而感到高兴，另一方面又为这一发现感到紧张。我赶快把其他正在睡觉的人员叫起来，和陈德安商量如何应付目前的情况。

最后，我们鉴于目前在乡间野外，在没有任何安全措施的情况下，暂时对民工封锁这一消息。并决定：一，目前参加发掘的所有民工不得离开此地；二，由四川大学的学生张文彦同学立即骑自行车到广汉县城将这一重大发现报告给县委县政府，同时请他们派保卫人员到现场保护文物的安全；三，由陈德安同志即刻起身返回成都，把这一重要发现向单位负责人汇报。我坚持在发掘现场继续作发掘清理工作。

清理工作在继续，发现的文物也越来越多，"金腰带"的清理也在继续。不久，这条"金腰带"的全貌也现了出来，原来这是一枚象征古代蜀王王权的"金杖"。上面除刻有鱼纹外，还有鸟纹和头带王冠的人头像，总长为 142 厘米。

　　早晨5点过一点，县委县政府在接到这一重要的报告后，立即派出了36名武警战士到现场维持秩序。此时的我才放下心来，并当众向大家宣布："我们发现了古蜀王的金杖。"当然这一消息一经传出，立即引起了轰动，当天来看的人是络绎不绝。

●一号祭祀坑刚发掘露出的残断象牙，被碎骨渣和木炭灰烬覆盖

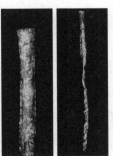

●一号祭祀坑动物骨渣、木炭、灰烬堆积剖解一半时所见青铜人头像、金杖、象牙、玉器等场景

●一号祭祀坑金杖出土情况

●一号祭祀坑金杖最早露出的一段

七月三十一日（星期四，晴）

我们基本上把坑里的骨渣清理完毕，坑里的器物分布也几乎全部展现在我们的眼前。根据坑里出土文物及所发现的遗迹现象和坑里没有发现葬具及尸骨等情况，我们将其定名为"祭祀坑"。

●一号祭祀坑中的骨渣、灰烬清理后所见青铜人头像、青铜尊圈足、断损的象牙、断裂的玉石器和陶器残片出土情形

●一号坑东北角玉石器堆积

八月一日（星期五，晴）

坑里的填土和骨渣清理工作基本结束，除了器物所在的地方，都能看到坑底的生土。从出土文物的质地来讲有铜器，其种类有人像、铜虎、龙、尊、瑗、戈等。金器有金杖、金块、金树叶等。玉石器有凿、斧、璋、戈、剑、斤、舌形器等。象牙有门齿、臼齿等。陶器有尖底盏、器座、器盖等。

随后我们进入了绘制器物分布图和编号取器物的阶段。取器物的方案是：坑内由我、代福生和一位民工三人负责编号并取器物，包装内的标签由张文彦写，刘章泽和一个民工负责包纸、装箱，周科华负责核对坑里取物的编号与图纸上的编号一致，登记造册为朱章义，县文教局副局长袁绍清全程监督。

●进一步清理后露出的大象臼齿及周边情形

●一号祭祀坑青铜人头像、
爬龙柱形器、青铜虎、玉
石器、骨渣、木炭、灰烬
及朽损严重的象牙

●填土、灰烬、骨渣、木炭
清理后所见一号祭祀坑内
器物的分布情形

●一号祭祀坑出土青铜人头像情形

●青铜人头像及头像内清理出的玉琮

●一号祭祀坑出土青铜龙虎尊时的情形

八月三日（星期日，雨转晴）

下午雨停了，起器物的工作继续开展，当把一些上面的器物起走之后，又有一些重大的发现，今天又发现一件金皮人面具和一尊小的青铜跪坐人像，这尊小人像头饰高髻，圆眼、跪坐、两手放膝上，腰饰两条带，两腰带下又有一条从前面经裆部至后腰饰带上，看上去此人似"光屁股"，该铜人像所反映的情况来看，推测是一个"王者像"。晚上12点，器物取完，也全部装箱运回驻地，共计取出的器物500余件（含残件）。

●一号坑出土龙虎尊及金面罩

●一号祭祀坑出土跪坐人像（正面与背面）

●一号祭祀坑出土人面具

二　二号祭祀坑

1. 二号祭祀坑的发现

清理完一号祭祀坑后不到一个月，1986 年 8 月 14 日，又有取土工人在距地表 1.4 米深的泥土中，挖到了青铜人像。二号祭祀坑的一角被发现了。

由于大家在一号祭祀坑见过类似的器物，发现人员便立即报告考古队。随后考古队展开了新一轮的发掘工作。经清理，二号祭祀坑出土了比一号坑更多的器物，共 1494 件（含残件和可识别的残片个体）。其中青铜器 735 件，金器 61 件，玉石器 504 件（含管、珠），象牙珠 120 颗，象牙残器 4 片，虎牙 3 枚，象牙 67 根。另有海贝 4600 余枚。

●二号坑揭开夯土后所
见第一层堆积的象牙

●二号坑发掘工作照

2. 二号祭祀坑发掘日记①

一九八六年

八月二十六日（星期二　阵雨）

通过昨夜和今天上半天的取土，在坑的南边出现了 1 件大的铜器，成半圆形，但不知道是什么器形。随着清理工作的进行，接着又发现了大量的遗物，能辨别的有铜头像 1 个、铜尊 2 个、大铜鸟头 1 个、大铜瑗 1 个，还有十几枚象牙。这些器物形体大，是以前都没有见过的，大家都感到非常吃惊。但最早发现的半圆形大铜器由于还没有清理到一定的深度，其面貌仍是一个谜，由于它的体积很大，又有一定的幅度，从目前的形状来看，很像一把"椅子的靠背"。

●二号坑夯土清理后所见象牙、青铜尊和大面具的叠压关系

---

① 原日记见陈显丹《三星堆祭祀坑发掘记》。

八月二十七日（星期三，阴）

最早发现的"大铜椅靠背"终于露面了，原来是一个巨大的铜面具，一只耳朵就有28.5厘米。接下来有不断的新发现。首先展现在人们面前的是满坑的象牙，在象牙的下面覆盖着大量的青铜器。在象牙的中间有一只巨大的手也伸了出来。我们看着满坑的象牙既是喜又是忧，喜的是千载难逢发现如此多的象牙，忧的是这样多的象牙既被火烧过，又被夯打过，加上又在地下埋藏了几千载，其保护是个大问题。为此，我们决定下到坑里工作的人体重不能太重，同时要求民工赤足下去，避免过多过重的踩踏给象牙造成不必要的损失。因为坑内到处布满了文物，人下去只有慢慢地找空落脚。

●清理二号坑上层象牙

九月五日（星期五，雨）

至今日，共取象牙69枚，由于象牙多方面的原因，取出来的象牙几乎没有完整的，也就是说散了架了，没有达到我们预期的效果。当上层象牙取完后，展现出来的是满坑大大小小的青铜器，而且许多青铜器上都有明显的朱砂色。

●二号坑揭取上层象牙后，
　可清晰看到倒扣的大面具

●提取二号坑青铜大面具

九月六日（星期六，小雨）

青铜面具和青铜人头像越来越多的露了头，在坑的西北角发现了头戴金面具的青铜头像，还在坑的中部偏东的地方发现"车轮"两件（出土整理后定为太阳形器）。

●二号坑出土青铜面具

●二号坑出土青铜太阳形器

九月七日（星期日，小雨）

今天把一些原来看上去是树枝的东西也明确地展现在人们的面前，它们就是人们常说的"扶桑树"，在坑的东北角发现的尊、罍中发现装有大量的玉器和海贝。从今日发掘清理的情况可以大致看出青铜器的分布，尊主要位于坑的东南部，有5件（共有7件）、罍四件分布在坑的西南部，大面具分布在坑的东南部、人头像约30余件大部分分布在坑的西部，中部有"轮形器"和大立人像的上半身和下半身，大立人像的头和足都是东南向。另外还有大量的"三角形"器遍布坑中。

●二号坑出土青铜树枝及其　●二号坑大立人像上半身
　上的铜鸟

九月八日（星期一，阴有小雨）

在二号坑的中部发现小的青铜人像，高仅两三厘米，手中还握有一璋形器作供奉状。其他还有小的怪鸟、怪兽、水牛头和小的果实之类的东西。另外还发现一个枝头上有两个小果实的树枝，在靠近果实的地方还包有金皮。从今天清理的情况来看，基本上弄清了该坑器物的堆积情况，第一层是象牙，第二层是大件的青铜器，第三层是大件青铜器上的"小零件"及玉石器等。

●二号祭祀坑内器物的叠压情况（象牙叠压在青铜神树的树干上，树干压在青铜眼形器上，青铜眼形器压在青铜大立人像残破的座上）

●二号祭祀坑出土青铜神树

●二号祭祀坑上层象牙堆积情况及发掘现场

●二号祭祀坑揭开第一层的象牙堆积后，第二层的青铜器清晰可见

●二号坑出土青铜兽面、小神树座、铜眼泡、海贝等

九月十二日（星期五 阴有小雨）

继续取器物，通常是在取了上面的器物以后又出现新的器物，特别是那些玉器和小型的青铜器、海贝、金器等。今天在取完第 123、124、125、126 号器形下又发现一个跪坐的青铜人像，全身高仅十几厘米。其形体与第一个小人像有些差异，作单膝跪。这种形象有点与成都地区曾经发现过的青铜剑和戈上发现的人物形象相似。在第 129 号青铜尊的口部发现三条金器，其形象似"鱼"。

●二号坑底部出土
玉璋、玉戈等

九月十三日（星期六，阴间晴）

　　到了晚上，第三层的器物基本上被清理出来，这些器物看起来没有什么规律，但是就某些方面而言，还是有一定的规律可循。如非常小的铜饰和小动物主要分布在东北边缘的中部，三角形器多集中在坑的中部，神树树枝则在坑的东北和西南两端，动物面具则分布在坑的西北角。在坑的东北端最下面有一层厚约 5 至 10 厘米的海贝堆积，在海贝当中又夹杂有不少的碎金皮或金皮鱼。另外在坑的东南发现一个小铜人，头上顶一铜尊。今天对大铜人像的上半身（编号 149）和有座的下半身（编号 150）都进行了清理，并把"他"抬出坑进行了身高测量。大人像连座身高 262 厘米。我们把大人像抬出二号坑时可以说是非常困难的，因为我们没有起重设备，全靠人抬。抬时要从坑中抬上距坑底高约 2 米的地面上，真是费劲。

●二号祭祀坑出土单膝
　侧跪坐人像

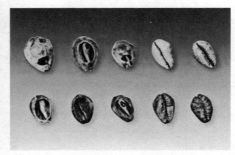

●二号祭祀坑内出土的海贝（部分海贝背面
　经打磨，部分经火烧）

●青铜尊内的装饰件（这些饰件大多是青铜神树上的饰件）

●二号祭祀坑青铜大立人像和戴兽冠人像出土情况

●二号坑青铜立人像提取场景　　●青铜大立人像出坑

三　祭祀坑发掘后的工作

1. 古城．古国．古文化

两座祭祀坑的发掘结束后，为了对三星堆遗址的性质，以及古蜀国的历史、文化、宗教等有一个较为全面的评估，四川省文物部门组织专家召开了三星堆和十二桥遗址现场座谈会。参加这次座谈会的主要专家有苏秉琦、俞伟超、严文明、邹衡、黄景略、杨鸿勋、童恩正等多位先生。会上苏秉琦对三星堆文化做出了"古城、古国、古文化"的高度概括。

苏秉琦："从1980年以来，咱们四川省的考古工作往前走了一大步，这样来认识三星堆的两个坑以及外边的这个城，就不妨说，我们现在已经看到了四川省在广汉这个地方有古文化、古城、古国。"

同时，座谈会上各专家都对三星堆遗址做出来高度评价。

俞伟超："两个祭祀坑所表现出来的是早期蜀人的一个相当丰富、相当完整的一整套世界观。拿郭沫若的话来说是天道观。"

邹衡："三星堆遗址有很大可能性是一个古城遗址，它的规模比之于其他商城也不逊色，内涵十分丰富，是值得特别重视的。"

严文明："三星堆遗址无论如何是一个比较中心的遗址。一方面，从它的发展水平来看，另一方面它又有整个的器物群和系列的产品，同其他的文化有明显的区别。所以，我觉得它完全够命名为一个考古学文化。"

黄景略："根据三星堆遗址的情况来看，那个人工的土堆遗迹还很具原始性，但是作为一个城的可能性还是很大的。它可能相当于中国历史上的夏商周，是成都平原地区的一个很重要的遗址，可借以说明这个地区应该进入文明时代、进入国家时期的有关问题。"

童恩正："我始终觉得，我们史学界在多年以来，由于受了历史传统的影响，对于南方的，特别是对于西南的文化有一种偏见，这个偏见可以追溯到公元前316年，这一年也就是秦灭巴蜀的年代。历史总是胜利者写的。秦人灭掉了蜀国，但并不等于蜀国的文化要落后于秦国。也就是说在古代的蜀国，古代的川西平原很可能有一个高度文明的中心，倒不一定就是一个非常落后的蛮夷之邦。"

2. 仓包包祭祀坑的发现

1986年至1988年，四川省文物考古研究所先后在三星堆遗址周边的濛阳河、青白江、石亭江、绵远河、鸭子河流域进行了5次专题调查，发现了多处三星堆遗址三、四期阶段的遗址，使人们的认识开始从三星堆遗址扩展到周边区域乃至整个成都平原，并意识到三星堆遗址并不是孤立的，它作为这一区域最大的中心遗址，周围定还有若干不同等级的中小遗址。仓包包小型祭祀坑的发现，即为最具代表性的例子。

三星堆两个大型祭祀坑发现后，虽然引起了各方面的重视，但遗址范围内的十多个砖厂并没有完全停止在高台地取土烧砖。1987年11月，南兴镇真武村二砖厂的工人在仓包包高地上取土时挖出了铜牌饰、玉瑗、玉凿、石璧、石斧等器物。四川省文物考古研究所立即组织人员对现场进行了清理。

据挖土工人讲，器物是在一个坑里发现的，坑里有瓦片（陶片）和灰烬，并描述了发现文物的具体位置。首先是在距地表约65厘米处发现了玉凿，随后又在距地表约85厘米处发现了石璧、石璧芯、玉瑗、玉箍形器、小石琮、石弹丸等。

听了工人的讲述，考古人员开始思考出土这批文物的土坑是墓葬还是窖藏，抑或小型的祭祀坑？当听到坑中出土的石璧是按大小顺序依次垒叠存放在一起的时候，考古人员立即想到了二十年代在燕家院子附近发现的玉石器坑，坑中石璧的堆放也是这种情况。大家下意识地把这两个坑出土的石璧情况联系起来。随后，又在工人们倾倒的土中发现了大量的朱砂和动物的烧骨及灰烬。根据这些信息，考古人员初步判断此处为一座小型祭祀坑。

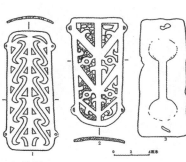

● 铜牌饰

●真武村仓包包祭祀坑出土遗物

第四章
遗址工作站的建立
（1988-2017 年）

一　工作站的筹备

1984 年 3 月，在第一次"全国考古发掘工作汇报会"的闭幕式上，苏秉琦先生做了《提高学术水平，提高工作质量》的重要发言，他指出：

> 我们国家 29 个省市，200 多个地区，在这当中少说有几十处或上百处成批的、系统的材料。这里的广汉遗址就是一处。……据四川文管会的同志讲，花了约两万元，用了两年时间。但我看这样就初步具备了一定条件。什么条件呢？就是建设基地问题。……有工作、有材料、有人。学科要有基地，研究要有基础。

1987 年，苏秉琦先生再次就考古工作站（考古实验站）的问题谈道：

> 我们的考古学科，考古事业发展到今天，最成问题、亟

待解决的问题，一是考古标本资料的积累、收藏、利用，没有着落（考古队无此条件，博物馆无此准备），阻碍了学科的发展。凡是重点工作，报告一出，万事大吉，难道这材料就当垃圾处理掉吗？二是，考古材料的再消化与学科基础理论的建设问题。实验站新就新在把考古资料的积累、标本、档案、资料有系统和有计划地集中，像古人的"藏书楼"，重在收藏、管理、开放、开拓、服务。

在苏秉琦先生的设想和倡导下，"四川省文物考古研究所三星堆遗址工作站"筹备成立。遗址工作站所在地原是三星砖厂的一座两层简易红砖楼。自 1980 年起，考古工作人员每次在三星堆遗址发掘时，都在这座"三星砖厂"楼内工作和生活。1987 年，由于两大祭祀坑的发现，砖厂正式搬迁，拆除了砖窑和制砖房，只留下了这座"民工楼"，移交给省文物考古研究所使用。1988年，在这里正式建立起了"四川省文物考古研究所三星堆遗址工作站"（下文简称工作站）。

二 工作站的职能

苏秉琦先生在《再谈筹建考古实验站与课题问题——给山东省文物局负责人的一封信（1987 年）》中对考古工作站（考古实验站）的建设有如下设想：

第一，某一个特定地区按标本、档案、资料、服务的需要，设计造房。

第二，收集资料范围专重古文化遗存、已经写出报告的材料。注重系统科学性，实物与记录尽量要求完整。条件尽量像开架图书馆，既要求安全、集中、系统，又要取用方便（不像有些博物馆库房那样，一入库房，等于禁闭）。

第三，向社会同行专家学者有条件地开放。

第四，组织专题研究和横向交流学术活动。

以苏秉琦先生等专家们的设想为宗旨，三星堆遗址工作站的职能主要定位为以下两点：

第一，标本积累。将建站前 1980 至 1984 年各次发掘后运到成都和散存于农民家中的标本，全部陆续运回工作站，集中保护管理。1984 年起各次遗址、城墙、墓葬正式发掘的全部标本，也都集中在工作站。除了三星堆遗址本身的标本资料外，考古工作人员还将附近的遗址调查资料，以及一些其他重要遗址的标本资料集中在工作站进行整理。已开辟的标本室按发掘区、时代、器形的分型方式摆放上架。

第二，对外交流。建站以来，工作站接待了数百批省内外、国内外的学者和社会各界人士。工作站在 1997 年三星堆遗址博物馆开馆之前，是人们了解三星堆的主要场所之一，博物馆开馆后仍然是深入研究三星堆遗址和文化的基地。

三 工作站成立后的工作

三星堆遗址工作站是西南地区成立的首个文物考古工作站，专门从事三星堆遗址的考古发掘、文物修复、整理研究等工作。

1. 划定古城范围

为了从"古文化、古城、古国"的角度探索三星堆的面貌，一个很重要的问题就是要弄清三星堆遗址多处"土埂"的状况和性质，判断出其是否为人工堆积，以及形成的年代。

从 1989 年春到 1995 年初，三星堆工作站先后六次对城墙进行试掘，弄清了遗址群东部的"狮子闹"、西部的"横梁子"、南部的"龙背梁子"均是人工修筑的城墙，从而划定了面积达 3.6 平方公里的三星堆古城范围。多道城墙的时代和筑法不尽相同，这表明三星堆巨大的古城可能是由若干个不同时代的小城逐渐演变发展而来的。

1999 年初，三星堆工作站在发掘遗址中心的月亮湾台地和城墙时，发现了属于三星堆一期文化（即宝墩文化）阶段多层地层

●20 世纪 90 年代的三星堆遗址西城墙

●1990 年三星堆遗址东城墙发现土坯砖现场

●1990 年三星堆遗址东城墙、南城墙发掘现场

直接叠压在一起的现象，使宝墩文化各期各段的划分有了直接的地层依据。同时还明确了月亮湾城墙建造的具体年代及其与上、下层文化之间的关系。

　　2001 至 2002 年，三星堆工作站对三星堆遗址马牧河以南和以北的东城墙两侧、月亮湾以东部分区域进行了人工勘探，在东城墙的北段缺口处及其东西两侧发现了疑似"水门"和"水

●1999 年月亮湾发掘

道"的遗迹，同时在三星堆城墙西南发现一处高出地表的夯土台遗迹。

2. 发掘仁胜村墓地

1997 年 11 月，三星堆遗址西面的仁胜村砖厂工人在取土时发现一根大象的门齿，同时在周围还能看到灰烬颗粒。考古工作人员到场后最初判断可能为一处小型祭祀坑，清理后又发现了四座长方形土坑，由此最终认定为墓葬，后定名为仁胜村墓地。1998 年 1 月至 6 月，三星堆工作站对仁胜村墓地进行了抢救性发掘。

此次发掘共发现 29 座土坑墓，排列有序。墓中出土了大量陶器和玉石器，而玉石器中的锥形器和泡形器等玉器，被认为可能与良渚文化存在一定关系。

仁胜村墓地是三星堆遗址首次发现成片分布的公共墓地，也是首次在三星堆城址外部进行的重要发掘，为三星堆城址的布局和三星堆文化因素的认识，提供了新的材料。

●1997 年三星堆遗址仁胜村墓地发掘照

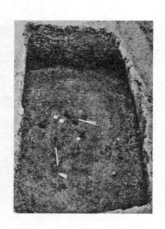

●仁胜村墓地出土的陶人、玉蜗形器和有蜥蜴图案的玉蜗形器

●仁胜村墓地俯瞰

3. 发掘宫殿建筑区

2000年12月，在月亮湾城墙至燕家院子之间的台地上进行了考古发掘。此次发掘中除了考古人员外，还有文物保护中心及古建筑专业人员参与，同时中央电视台《东方时空》栏目对发掘工作进行了现场直播，这也是在考古发掘现场进行综合性考古的一次有益尝试。

此次发掘面积500平方米，发现了包括房基、沟槽、柱洞、灰坑、土坑墓、石器坑、卵石遗迹、红烧土遗迹、五花土遗迹等在内的大量文化遗迹，遗迹种类空前丰富。同时还出土了一批非常重要的器物和建筑构件。如大型圈足炊器、容器等。更为重要的是，发现了瓦形器、板形器等建筑构件。这些器物的碎片以前在三星堆台地、西城墙、西泉坎等区域也曾有过零星发现，但绝大多数发现于月亮湾台地。结合以往月亮湾发现的诸多礼器和祭祀坑，很多学者猜测月亮湾台地一带是三星堆遗址范围内最有可能发现宫殿建筑遗迹的区域。

4. 2010年后的考古工作

2011年至2013年，三星堆工作站分两次对遗址上游鸭子河北岸和南岸开展了大面积拉网式的考古调查，共发现商周时期遗址17处。与以往调查不同，本阶段工作是以三星堆遗址为出发点，目的在于了解三星堆遗址所在区域的同时期遗存及其与三星堆遗址的关系。

2012年至2015年，在前一阶段勘探工作的基础上，三星堆工作站对遗址重点保护范围和一般保护范围的12平方公里进行了全面、细致地勘探，并在遗址北部进行了10次考古发掘。

　　这一时期共发现青关山大型建筑群、真武宫城墙、仓包包城墙、青关山城墙、李家院子城墙和马屁股城墙等重要遗存。这些考古工作的开展，使得遗址城圈结构更为清楚，北部的聚落结构基本清晰，整个大城形成合围。同时还确定了东北部的仓包包小城和西北部的月亮湾小城。其学术意义不亚于三星堆祭祀坑的发现，是三星堆考古史上的又一个辉煌时期。

●2012 年发掘的青关山大型建筑群

●2014 年李家院子城墙发掘

●2015 年青关山台地发掘

●2016 年东城墙发掘

中篇 文化

星月交辉

第一章
三星堆遗址与三星堆文化

一 三星堆遗址

1. 遗址概况

三星堆遗址位于今四川省广汉市南兴镇鸭子河南岸，东距广汉市政府驻地雒城镇约 7 公里，南距省会成都市约 40 公里。

遗址分布范围东起回龙、真武两村，西至仁胜村，南起米花村和石林村，经三星村向北至鸭子河南岸，涉及南兴镇和三星镇境内的七村七十二社。另在新平镇同心村、一心村和西外乡的高涧村也有分布的可能，是一个庞大的遗址群。

遗址平面呈南宽北窄的不规则梯形，东西长 5 至 6 公里，南边宽 2 至 3 公里，总面积约 12 平方公里，遗址主体亦即城址面积约 3.5 平方公里。

三星堆遗址已确定的文化遗存分布点有 30 余处，其中以中南部三星堆、中北部月亮湾和真武宫、北部西泉坎、西北部青关山、东北部仓包包以及戴家梁子以西仁胜村等区域的文化堆积保存最为完好。遗址内涵包括大型建筑、普通房址、祭祀坑、墓地等，发现以青铜面具、青铜神树、玉璋等为代表的文物数以万计。

2. 遗址分期

三星堆遗址的年代上起新石器时代晚期（公元前2800年），下至春秋早中期（公元前600年），历经新石器时代、夏、商、西周和春秋时期，上下延续约2200年。

三星堆遗址的文化遗存分为四期，其中第一期属于新石器时代晚期文化，命名为三星堆一期文化，年代范围为公元前2800年至公元前2100年；第二至四期属于青铜文化，也就是广为人知的三星堆文化，其中第二期年代范围为公元前2100年至公元前1600年，第三期年代范围为公元前1600年至公元前1100年，第四期年代范围为公元前1100年至公元前600年。

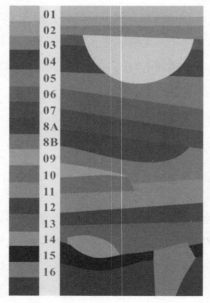

●三星堆遗址地层堆积示意图

●三星堆遗址出土陶器

3. 遗址价值

三星堆遗址是目前我国西南地区面积最大、延续时间最长、文化内涵最丰富等级最高的遗址。是目前明确的最早的古蜀国都城，是古蜀国天然的、最完整的年代标尺——从新石器时代晚期延续至战国时期，前后不间断延续 2200 余年。

三星堆遗址填补了中华文明演进序列重要的缺环，是长江上游的古代文明中心，是长江流域最重要、出土文物最为丰富的夏商周时期都城遗址之一，也是新石器时代晚期成都平原面积最大的中心遗址——分布面积近 350 万平方米。

三星堆遗址涵盖了其所代表的三星堆文明的萌生、形成、发展、辉煌、衰落消失等整个过程，连续不间断且全国唯一。遗址出土器物的种类和造型具有强烈的地方特征，展示出夏、商和西周早期古蜀国青铜文明的高度发达和独具一格的面貌。2013 年，三星堆遗址作为"古蜀文明遗址"最重要组成部分被列入《中国世界文化遗产预备名单》。

二　三星堆文化

三星堆文化是一类以三星堆遗址二、三期文化为代表的考古学文化。从分布上来说，并非仅见于三星堆遗址，以成都平原为核心，影响延及川渝东部、湖北西部、陕西南部乃至川南、越南等地。三星堆文化主要器物组合为小平底罐、高柄豆、豆形器、鸟头把勺和盉等，文化面貌上衔宝墩文化（三星堆一期文化）下接金沙文化（又称十二桥文化、三星堆四期文化），是古蜀文化的重要组成部分，年代从公元前 2100 年延续至公元前 1100 年。

三星堆文化的年代上起夏代早期，下至两周之际。根据最新研究成果，三星堆文化可分为两期：其中第一期的年代相当于二里头时期，即公元前 2100 年至公元前 1600 年；第二期相当于商代，绝对年代为公元前 1600 年至公元前 1100 年。

第二章
文化面貌

　　三星堆遗址占地面积 12 平方公里，90 年间发掘总面积 10000 余平方米，调查、勘探、发掘确定的文化遗存点数百个。

一　城壕

1. 内外城墙

　　城墙作为线状遗迹，一方面起着防卫的作用，同时也是不同功能区天然的分界线。三星堆遗址已确定城墙 10 段，包括东城墙、南城墙、西城墙、三星堆城墙、月亮湾城墙、真武宫城墙、青关山城墙、仓包包城墙、李家院子城墙和马屁股城墙。除了三星堆城墙、南城墙、东城墙南段和西城墙南段外，其余城墙按建造结构、始建年代的不同可分为三组：

　　一为月亮湾城墙、真武宫城墙、青关山城墙和西城墙北段，剖面结构可分若干斜向单元，始建年代为三星堆遗址二期偏晚阶段；

　　二为马屁股城墙和东城墙，大致呈现出"中间主城墙、内外侧护坡"的剖面结构，始建年代为三星堆遗址三期偏晚阶段；

　　三为李家院子城墙、仓包包城墙，城墙结构不分斜向单元，亦无"中间主城墙、内外侧护坡"现象，始建年代亦为三星堆遗址三期偏晚阶段，但应晚于第二组。

2. 壕沟

根据钻探，三星堆遗址在各段城墙的外侧均有宽 30 米左右的壕沟。由于真武宫、青关山和马屁股城墙的北侧被鸭子河冲毁，是否存在壕沟难以判断，但根据其他壕沟的位置推测应存在。

经过对月亮湾壕沟的发掘了解到这些壕沟经历了建造、使用和废弃三个阶段。壕沟的三个变化阶段同时也可视为城址的兴衰变化过程。各段壕沟不仅起着防卫和隔断各功能区的作用，还是水路交通的重要组成部分。

二 建筑基址

1. 宫殿建筑区

（1）青关山台地

青关山台地位于三星堆遗址西北部，青关山城墙南侧，二号

●青关山城墙

●西城墙

●青关山一号大型建筑遗迹

●2000年三星堆青关山台地出土的大型陶器

支渠北侧。台地面积将近16000平方米，可分为两级阶地。台地由红烧土、夯土、文化层相间叠压而成，高（厚）近4米。由于台地上发现有青关山F1等数座大型红烧土建筑基址，推断为三星堆城址的宫殿集中分布区。

青关山一号大型建筑编号为F1，位于青关山台地二级阶地南部。平面为长方形，呈西北东南走向，长逾65米，宽近16米，面积超过1000平方米。

F1可能为干栏——楼阁式建筑，由多间"正室"以及相对应的"楼梯间"组成。所有房间分为两排，沿中间廊道对称分布。

廊道两侧各有 3 排 3 列柱洞，南、北、西墙墙基内外分别有一排共约 200 个密集排列的"檐柱"遗迹。"墙基"和"檐柱"础部均由红烧土块垒砌，并夹杂有大量的卵石。10 余处红烧土墙基、"檐柱"和室内夯土中有掩埋玉璧、石璧和象牙的现象。

根据地层关系、墙基内包含物以及建筑形制判断，F1 的使用年代大约为三星堆遗址三期，废弃年代大致与一、二号祭祀坑同时，即三星堆遗址第四期偏早阶段。

对 F1 性质的认识，有宫殿、神庙和府库三种观点。F1 是三星堆遗址迄今为止所发现的建筑面积最大的商代单体建筑基址，同时也是目前西南地区发现的面积最大的先秦建筑，还是迄今发现的面积最大的商代单体建筑之一。

（2）月亮湾台地

月亮湾台地位于三星堆遗址中北部，月亮湾城墙西侧、真武宫城墙南侧。台地曾出土过陶板瓦、陶水管道、陶人、石虎等重要遗物，虽然未发现如青关山 F1 一样的大型建筑，但陶板瓦、陶水管道等遗存明显来自大型建筑，因此可以确认月亮湾台地与青关山台地同等重要，应该是大型建筑集中分布区。

2. 普通居址区

目前可以明确的普通居址区主要分布在西泉坎和三星堆，历次解剖城墙时在城墙之下亦有大量分布。所有房址均仅保存沟槽，沟槽内有分布密集的小柱洞，用于固定木骨或竹骨，推测应为干栏式的木骨或竹骨泥墙建筑，与青关山一号大型建筑等级区别明显，所有房址的年代相对集中，多为三星堆遗址一期和二期。

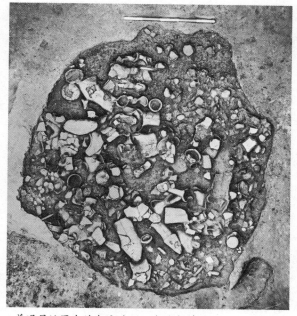

●普通居址区内的灰坑（H105）发掘情况

三　墓地

1. 城外墓地

仁胜村墓地位于三星堆遗址西北部（西城墙外）的仁胜村，共发掘29座小型长方形竖穴土坑墓。17座墓葬出土有玉器、石器、陶器、象牙等几类随葬品，其中玉石器大多是三星堆遗址首次发现的新器形，年代为三星堆遗址一期偏晚阶段。

●仁胜村墓地

2. 城内墓地

在三星堆古城城墙内共发现三处墓地，其中两处为三星堆时期，一处为汉代。

月亮湾墓地、青关山墓地：分别位于月亮湾台地西南部和青关山台地西北角，前者于 1963 年发现，后者于 2014 年发现，均为小型墓地，墓葬数量少，规格亦较小，随葬品不甚丰富。年代从三星堆遗址一期延续至二期。两片墓地均位于城内，周围分布大量同时期居住遗迹。

三星堆墓地：位于遗址中南部，三星堆城墙内侧。共发现墓葬 6 座，朝向一致、排列整齐、规格相近，应是一处小型家族墓地，年代为汉代。

四　祭祀坑

三星堆祭祀坑：位于遗址中南部，共两座，编号为一号祭祀坑和二号祭祀坑。两个祭祀坑出土了大量青铜器、黄金制品、玉器、石器、象牙等器物，造型奇特，规格高，制作精美，反映了古蜀国高度发达的青铜铸造、黄金冶炼、玉石器加工等技术，以及独特的审美意识和宗教信仰。

仓包包祭祀坑：位于遗址东北部、仓包包城墙东段。坑内出土大量玉石器及两件铜牌饰，年代为三星堆遗址二期。其中出土的铜牌饰有着浓厚的中原文化元素。

燕家院子玉石器坑：位于遗址中北部，月亮湾台地西北角。最早于20世纪20年代由当地村民燕道诚发现，出土由大到小的石璧多件，出土时摆放规整，应为某种仪式，蕴含某种含义。

下篇　学术

星火燎原

第一章
保护研究

一　遗址保护

三星堆遗址的考古工作史同时也是三星堆遗址的保护史。20世纪50年代以前，三星堆遗址主要由华西协合大学博物馆负责调查、收集，并保护出土文物。中华人民共和国成立后，遗址的保护呈现出多元一体的态势，主要保护工作如下：

1951年，广汉县人民政府成立文物管理委员会；

1953年，广汉县文化馆设立文物保管组；

1986年，成立广汉县文物保护管理所、三星堆遗址被列为县级文物保护单位；

1987年，三星堆遗址被列为省级文物保护单位；

1988年，三星堆遗址被列为全国重点文物保护单位，四川省人民政府划定保护范围；

1993年，四川省人民政府划定重点保护范围和一般保护范围；

2001年，广汉市成立三星堆遗址管理委员会，组建三星堆遗址文物执法队和乡镇文物保护领导小组；

2002年，四川省人民政府重新划定重点保护范围、一般保护

范围和建设控制地带，同时设立了保护标志和界桩；完成《三星
堆遗址保护规划》《三星堆遗址保护与展示方案》《三星堆遗址环
境整治方案》《三星堆遗址公园遗迹保护与展示方案设计》的编
制工作；广汉市政府对三星堆遗址重点保护区内的东、西、南、
月亮湾内城墙、三星堆残垣、祭祀坑等重要地面遗迹本体实施了
征地退耕，征地面积 420 余亩，作为文物保护用地；将存在严重
安全隐患的南兴液化气站迁出保护区；

　　2003 年，广汉市人民政府颁布《广汉三星堆遗址保护管理办
法》；

　　2006 年，成立广汉市文物管理局，全面负责包括三星堆遗址
在内的全市文物资源的保护管理工作；广汉市政府在三星堆遗址
保护范围以外，投资 3600 万元建成了总长 3.5 公里，连接三星堆
快速通道与广什公路的一级公路，以替代广木公路穿越三星堆遗
址区过境段；当年底，随着位于遗址建设控制地带的回龙中心村
基础设施竣工，广汉市政府开始陆续将三星堆遗址城墙和台地周
边村民居住地搬迁出去。

　　2015 年，三星堆博物馆委托四川省文物考古研究院主持编制
的《三星堆国家考古遗址公园保护展示规划方案》完成，提出了
"一个主题、两条主线、三大区域、四种体验、五处看点"的保
护展示规划思路。

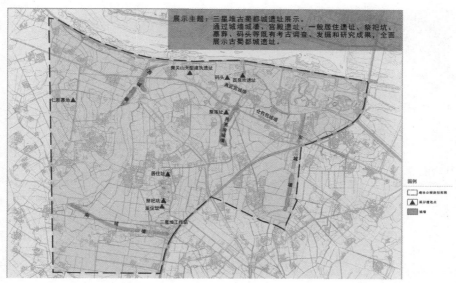

展示主题：三星堆古蜀都城遗址展示。
通过城墙城壕、宫殿遗址、一般居住遗址、祭祀坑、墓葬、码头等既有考古调查、发掘和研究成果，全面展示古蜀都城遗址。

● 一个主题：古蜀都城遗址展示

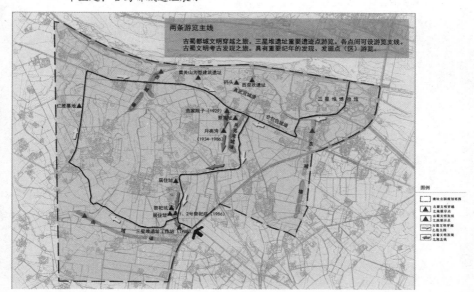

两条游览主线
古蜀都城文明穿越之旅。三星堆遗址重要遗迹点游览。各点间可设游览支线。
古蜀文明考古发现之旅。具有重要纪年的发现、发掘点（区）游览。

● 两条主线：古蜀都城文明穿越之旅、古蜀文明考古发现之旅

● 三个区域：古蜀都城宫殿区、古蜀都城祭祀区、古蜀都城自然环境区

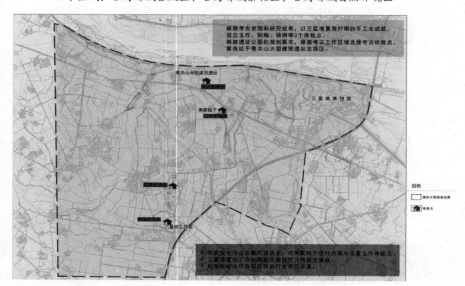

● 四种体验：考古体验、玉作体验、制陶体验、铸铜体验

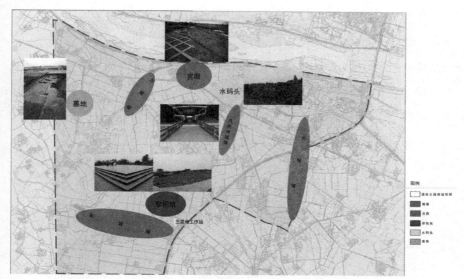

●五处看点：城墙、宫殿、祭祀坑、码头、墓地

二 学术研究

自 1986 年两大祭祀坑发现以来，在四川召开的多次考古和历史会议大都到三星堆遗址和工作站进行考察和研讨。如 1986 年 10 月的"巴蜀历史与文化学术讨论会"，1987 年 5 月的"三星堆十二桥遗址考古发掘座谈会"，1992 年 4 月的"三星堆考古发现六十周年暨巴蜀文化与历史国际学术讨论会"，1998 年 5 月的"西南地区考古工作协作会"等。

随着对三星堆文化研究的深入，多年来出版了众多成果。2000 年之前的主要有《巴蜀考古论文集》（1987 年）、《广汉三星堆遗址研究专辑》（1989 年）、《三星堆古蜀文化研究专辑》（1992

年)、《巴蜀历史·民族·考古·文化》(1991 年)、《三星堆与巴
蜀文化》(1993 年)、《中国文物考古之美·商代蜀人秘宝·四川
广汉三星堆遗址》(1995 年)、《四川考古论文集》(1996 年)、《四
川考古研究论文集》(1997 年)、《四川考古报告集》(1998 年)、
《三星堆祭祀坑发掘报告》(1998 年)等一系列报告和文集。同时,
关于三星堆遗址与文化的论文也已达千余篇。

●部分三星堆论著

第二章
交流传播

一　展览交流

"沉睡数千年，一醒惊天下"。1986 年，三星堆两大祭祀坑中上千件珍贵文物的出土，使三星堆文化引起了全球轰动。同年 8 月 18 日，英国《独立报》称其为"世界上最引人注目的考古发现"，"比有名的中国兵马俑更要非同凡响"。随后，诸多国家和地区纷纷邀请三星堆文物至其处展出。

1. 国外展出

1993 年 5 月，三星堆文物在瑞士洛桑奥林匹克博物馆展出，虽然只有一件文物，但在瑞士和欧洲引起了很大反响。之后，欧洲各国频频邀请三星堆珍宝赴欧洲展出，比较重要的对外展出有：

● 1993 年三星堆文物在瑞士洛桑奥林匹克博物馆展出

1995 年 6 月至 1997 年 5 月，三星堆出土文物以"人与神"为主题赴欧洲进行为期两年的巡回展览。1995 年 6 月至 11 月，展览的第一站在德国埃森克虏伯庄园举行。开幕式当天，德国总统赫尔左格亲自前往参加。1995 年 12 月至 1996 年 3 月，在德国慕尼黑海伯基金艺术馆展出。在德期间观众达 40 万人次，盛况空前。

●1995 年三星堆文物在德国埃森克虏伯庄园展出

1996 年 4 月至 7 月，三星堆文物到瑞士苏黎世艺术之家展出，观众达 14 万人次。

1996 年 9 月至 1997 年 1 月，三星堆文物到英国大英博物馆进行展出，英方特将展览的名称改为"Mysteries of Ancient China"（中国古代奥秘）。期间英国女王及王室成员和许多要人前往参观展览，《泰晤士报》刊登展览信息。因影响较大，英方甚至希望延长展览日期。

● 1996 年三星堆文物在英国大英博物馆展出

　　1997 年 2 月至 5 月，在丹麦路易斯安那博物馆展出。丹麦全国不足 500 万人，前去参观三星堆文物展览的观众就有 10 多万人次。

　　1998 年 4 月，为纪念日本朝日新闻社创建 120 周年、朝日电视台开播 40 周年，以"神奇的面具王国"为主题，200 余件三星堆文物首赴日本的世田谷美术馆、京都市美术馆、福冈市美术馆、广岛县立美术馆进行巡回展出。在日展出期间，参观人数达 32 万人次。

　　1999 年 8 月，三星堆部分文物在美国国家艺术馆展出。

　　2000 年 4 月，三星堆部分文物参加了在日本山梨县举行的"世界四大文明系列展"。

　　2000 年 12 月，三星堆文物在澳大利亚新南威尔士艺术馆展出。

　　2001 年 9 月，三星堆文物在美国金贝尔艺术博物馆展出。

●1998 年三星堆文物在日本东京世田谷美术馆展出

●2001 年三星堆文物在美国金贝尔艺术博物馆展出

　　2002 年 3 月至 6 月，三星堆文物在美国西雅图艺术博物馆展出。

●2002 年三星堆文物在美国西雅图艺术博物馆展出

　　2002 年 11 月，三星堆文物在加拿大多伦多皇家安大略博物馆展出。

●2002 年三星堆文物在加拿大多伦多皇家安大略博物馆展出

2003 年，三星堆文物赴法国参加中法文化年展出。

●2003 年三星堆文物赴法参加"中法文化年"展出时的开幕式

2007 年 1 月，三星堆文物赴新加坡展出。

●2007 年三星堆文物在新加坡展出开幕式

2. 国内展出

除国际展览外，三星堆相关文物更是在国内频繁参加交流展出：

1987 年，赴北京参加"全国重要考古新发现展览"。

1990 年，再赴北京参加"中国文物精华展"。

1997 年 12 月，为庆祝香港回归，三星堆文物参加了在香港艺术馆举办的中国文物精华展。

1999 年 3 月，由台湾太平洋文化基金会、台北故宫博物院、台湾《中国时报》社联合主办的"三星堆传奇——华夏古文明的探索"展在台北故宫博物院开幕。期间参观人数达 17 万。

●三星堆文物在台湾

●三星堆文物在香港

●三星堆文物在深圳

●三星堆文物在广州

●三星堆文物在山西

●三星堆文物在辽宁

●三星堆文物在天津

●三星堆文物在苏州

●三星堆文物在浙江　　　　　　　　●三星堆文物在无锡

二　三星堆进校园

　　虽然三星堆以其独特的文化面貌吸引了全世界的目光，但因学术界的研究不足以满足大众科普的需要，所以造成了公众对三星堆较多的猜测和误读，有必要建立正确的舆论导向。因此，四川省文物考古研究院以三星堆文化为讲座主题开展考古科普活动，用一年的时间到四川省内 21 个地级市、自治州的大、中、小学及幼儿园举办 104 场巡回公益讲座。

●形形色色的三星堆校园课程

●形形色色的三星堆校园课程

●形形色色的三星堆校园课程

第三章
工作规划

一 考古工作规划

虽然 90 年间围绕三星堆遗址进行了大量考古工作，但却远远没有揭示出三星堆遗址的本来面目。同时，由于发掘面积有限，勘探、测绘、科技考古等工作尚未全面展开，使得我们对遗址情况的掌握和了解非常有限，制约了三星堆文化的深入研究，影响了遗址的有效保护和利用。因此 2020 年后三星堆遗址的工作重点是一方面开展进一步的基础性考古工作，另一方面同时开展科技考古工作。

1. 基础考古工作

全面勘探。在原有工作和进一步调查的基础上，继续开展全面的勘探，对于三星堆遗址、三星堆古城的功能结构、布局关系、重要分区、重要遗存、保存情况、核心区域、重点范围、埋藏深度、堆积厚度、特殊遗迹等情况，尽快达到全面了解的程度，做到心中有数。

重点发掘。1980 年至 2005 年期间，三星堆遗址共进行了 14 次发掘，累计发掘面积 9058 平方米，这相对于一个分布范围达 12 平方公里的遗址来说是十分有限的。而这 9058 平方米的发掘总面积中，还有约2527.5平方米因种种因素限制，未发掘到底便停工回填了。所以2020年后的工作是在重点区域继续进行解剖型或小面积发掘。

区域调查。在三星堆遗址周围，分布着相当数量的同时期中、小遗址。应以遗址群的思路为基础，对鸭子河下游、马牧河、石亭江、小石河、濛阳河、青白江等流域开展区域考古调查。

此外，将以往工作所获材料的整理和出版提上工作日程。

2. 科技考古工作

碳14测年。三星堆遗址的年代序列已基本建立，但所依据的碳14测年标本均为竹木炭，且均测试于20世纪80年代，需要新的碳14系统测年加以印证。

全面测绘。对三星堆遗址20平方公里的保护范围、建设控制地带以及重点区域进行全面测绘，形成系列比例的地形图和平面图，供遗址的调查、勘探、发掘和保护使用。

其他如动植物标本浮选，鉴定等环境考古工作，遥感、物探等技术的应用，以及地理信息系统的建立等科技考古工作的开展，也将提上日程。

二 综合研究规划

虽然以往有关三星堆遗址的研究在各方面均取得了丰硕成果，但还要在以下方面继续开展深入、全面的研究探讨：

分期编年。如一期和二期之间还有一定缺环，二期和三期的区别还不是特别明显，四期还可细化，晚于四期的遗存还未纳入分期编年体系中等。

城址布局。如三星堆遗址的城墙、水系、道路、城门、水门的数目、分布、特征、年代、性质和相互关系；功能区及相互之间的关系；空间格局的变动等方面的研究。

经济形态。经济形态对象的研究，即农作物、手工业产品本身的情况；经济形态技术的研究，即获取对象的过程，包括农作物的种植、收割、灌溉技术以及手工业产品的制作技术、流程等，以及农业和手工业工具的制作技术；经济形态主体的研究，即从事农业、手工业的人的相关情况，包括组织管理方式、人群构成、产品分配使用形式等问题。

古地貌和古环境。需要大致了解鸭子河、马牧河的改道历史，并尝试复原遗址繁荣时期的地形、地貌和自然环境等。

聚落形态。在开展相关考古工作的同时，需要深入探讨三星堆遗址所在区域的聚落数量、面积、内涵、年代及性质，更要认识三星堆遗址与这些聚落之间的关系。

其他如三星堆族群的构成、分布、等级结构研究；玉石器、铜器、陶器制作技术研究；资源（陶土、玉料、铜料等）产地和运输研究等，也都是未来需重点关注的问题。

三星堆研究
论著要目

一 书籍

·发掘报告

1.《三星堆祭祀坑》，四川省文物考古研究所编，文物出版社 1999 年 4 月版。

·文物图录

1.《三星堆祭祀坑出土文物选》，四川省文化厅文物处等编，巴蜀书社 1992 年 3 月版。

2.《中国考古文物之美 3·商代蜀人秘宝——四川广汉三星堆遗迹》，四川省文物考古研究所，文物出版社、（台北）光复书局 1994 年 12 月版。

3.《中国青铜器全集》第 13 卷《巴蜀》，中国青铜器全集编辑委员会编，文物出版社 1994 年 6 月版。

4.《三星堆传奇——华夏古文明的探索》，李忠义主编，（台北）太平洋文化基金会 1999 年 3 月版。

5.《古蜀文化三星堆》，肖潜辉主编，中国旅游出版社 2001 年 7 月版。

6.《三星堆精粹》，江聪摄影，中国旅游出版社 2005 年 6 月版。

7.《凝固在青铜器上的精灵——巴蜀与西南地区青铜器上的人物动物图案》，刘弘等，巴蜀书社 2007 年 6 月版。

8.《三星堆与南丝路——中国西南地区的青铜文化》，肖先进主编，文物出版社 2007 年 10 月版。

9.《三星闪烁 金沙流采——神秘的古蜀文明》，香港文化博物馆编制，（香港）康乐及文化事务署 2007 年版。

10.《神秘的古蜀王国——三星堆·金沙文物珍宝》，深圳博物馆等编，文物出版社 2009 年 4 月版。

11.《三星堆出土文物全记录》，四川省文物考古研究院等编，天地出版社 2009 年 9 月版。

12.《三星堆与金沙——古蜀文明史上的两次高峰》，四川广汉三星堆博物馆、成都金沙遗址博物馆编著，四川人民出版社 2010 年 4 月版。

13.《古蜀探秘：三星堆 / 金沙遗址出土文物精品集》，辽宁省博物馆等编，辽宁人民出版社 2010 年 6 月版。

14.《我住长江头——古蜀文明展》，良渚博物院等编，浙江古籍出版社 2011 年 4 月版。

15.《古蜀王国：三星堆和金沙遗址出土文物精华录》，李进增主编，宁夏人民出版社 2012 年 8 月版。

16.《巴蜀青铜器》，四川省博物馆编，成都出版社、（澳门）紫云斋出版有限公司，1990 年版。

·研究专著

1.《三星堆文化》，屈小强等主编，四川人民出版社 1993 年 12 月版。

2.《三星伴明月——古蜀文明探源》，屈小强，四川教育出版社 1996 年 10 月版。

3.《蜀文化与巴文化》，宋治民，四川大学出版社 1998 年 8 月版。

4.《三星堆——长江上游文明中心探索》，陈德安等，四川人民出版社 1998 年 10 月版。

5.《四川盆地的青铜时代》，孙华，科学出版社，2000 年 8 月版。

6.《玉垒浮云变古今——古代的蜀国》，段渝，四川人民出版社 2001 年 8 月版。

7.《濯锦清江万古流——巴蜀文化的历程》，段渝、谭洛非，四川人民出版社 2001 年 8 月版。

8.《古国寻踪——三星堆文化的兴起及其影响》，江章华、李明斌，巴蜀书社 2002 年 4 月版。

9.《古蜀的辉煌——三星堆文化与古蜀文明的遐想》，黄剑华，巴蜀书社 2002 年 4 月版。

10.《神秘的王国——对三星堆文明的初步理解和解释》，孙华、苏荣誉，四川人民出版社 2003 年 1 月版。

11.《古蜀王国的艺术星空——三星堆青铜文化研究》，范小平，巴蜀书社 2003 年 10 月版。

12.《古代的巴蜀——童恩正学术文集》，童恩正，重庆出版社 2004 年 10 月版。

13.《长江上游的巴蜀文化》，赵殿增、李明斌，湖北教育出版社 2004 年 10 月版。

14.《三星堆文化与巴蜀文明》，赵殿增，江苏教育出版社 2005 年 4 月版。

15.《三星堆图志》，四川省地方志编纂委员会编，四川人民出版社 2005 年 8 月版。

16.《三星堆——古蜀王国的神秘面具》，三星堆博物馆编，五洲传播出版社 2005 年 11 月版。

17.《走出疑古时代（修订版）》，李学勤，长春出版社 2007 年 1 月版。

18.《三星堆的审美阐释》，苏宁，巴蜀书社 2007 年 1 月版。

19.《酋邦与国家起源：长江流域文明起源比较研究》，段渝，中华书局 2007 年 3 月版。

20.《先秦巴蜀城市史研究》，毛曦，人民出版社 2008 年 9 月版。

21.《蜀文化》，宋治民，文物出版社 2008 年 10 月版。

22.《古蜀文明》，张擎，成都时代出版社 2009 年 5 月版。

23.《童心求真集：林向考古文物选集》，林向，科学出版社 2010 年 5 月版

24.《先秦时期的青藏高原东麓》，陈苇，科学出版社 2012 年 11 月版。

· **通俗读物等**

1.《三星堆寻梦——古城古国古蜀文化探秘》，樊一，四川民

族出版社 1998 年 12 月版。

2.《趣说三星堆——古蜀文化探秘》，陈立基，四川文艺出版社 2000 年 12 月版。

3.《三星堆文化探秘及〈山海经〉断想》，刘少匆，昆仑出版社 2001 年 2 月版。

4.《点击三星堆：破译华夏最大的谜团》，冯学敏、梅子，广东旅游出版社 2001 年 4 月版。

5.《三星堆发现发掘始末》，肖先进等编著，四川人民出版社 2001 年 5 月版。

6.《青铜之光耀三星》，刘家胜等编著，四川美术出版社 2001 年 7 月版。

7.《三星堆奥秘》，陈显丹等，四川人民出版社 2001 年 12 月版。

8.《三星堆博物馆》，张跃辉、刘家胜，四川少年儿童出版社 2001 年版。

9.《古蜀文明与三星堆文化》，肖平，四川人民出版社 2002 年 1 月版。

10.《三星堆——震惊天下的东方文明》，黄剑华，四川人民出版社 2002 年 1 月版。

11.《众神之国三星堆》，胡太玉，中国言实出版社 2002 年 1 月版。

12.《神秘的三星堆——寻找古蜀文明》，刘少匆，昆仑出版社 2003 年 8 月版。

13.《三星堆探秘》，成都地图出版社编著，成都地图出版社

2004 年 1 月版。

14.《古蜀文明——璀璨的四川古代文化》，段渝、邹一清，四川人民出版社 2004 年 2 月版。

15.《走进三星堆》，刘家胜等编著，四川美术出版社 2004 年 3 月版。

16.《天问三星堆》，吴红、季元龙，花城出版社 2004 年 4 月版。

17.《天赐王国——三星堆、金沙遗址发现之谜》，岳南，新世界出版社 2004 年 5 月版；后书名改为《三星堆与金沙遗址惊世记》，海南出版社 2007 年 4 月版；又改为《天赐王国——三星堆与金沙遗址惊世记（修订版）》，商务印书馆 2012 年 8 月版。

18.《三星耀天府——三星堆文化和巴蜀文明》，周新华，浙江大学出版社 2004 年 9 月版。

19.《雾中的王国——三星堆文化杂谈》，刘少匆，巴蜀书社 2004 年 12 月版。

20.《三星堆：青铜之光照耀世界》，肖平，成都时代出版社 2005 年 10 月版。

21.《三星堆——古蜀王国的神秘面具》，三星堆博物馆编，五洲传播出版社 2005 年 11 月版。

22.《三星堆文明——长江上游古代文明中心》，段渝、邹一清，四川人民出版社 2006 年 1 月版。

23.《三星照耀金沙》，冯广宏，巴蜀书社 2006 年 9 月版。

24.《日出三星堆》，段渝、邹一清，巴蜀书社 2007 年 2 月版。

25.《唤醒纵目神》，萧易，成都时代出版社 2007 年 2 月版。

26.《纵目神时代》，萧易，成都时代出版社2007年4月版。

27.《三星堆的龙文化》，郑雪森，花城出版社2008年7月版。

28.《惊现三星堆》，魏舶编著，吉林文史出版社2010年1月版。

29.《广汉三星堆》，陈显丹，三联书店2010年4月版。

30.《三星堆之101个谜》，范勇，天地出版社2010年4月版。

31.《从三星堆到金沙》，辽宁省博物馆编，辽宁人民出版社2010年8月版。

32.《龙树的秘密——三星堆的发现》，尹荣方，上海古籍出版社2010年8月版。

33.《古蜀文明探秘——刘兴诗新说三星堆、金沙的前世今生》，刘兴诗，四川辞书出版社2011年5月版。

34.《三星堆进校园——一项公众考古新纪录的诞生过程》，四川省文物考古研究院编，科学出版社2011年8月版。

35.《人间天国——三星堆、金沙王都发现之谜》，岳南，万卷出版公司2012年12月版。

36.《少儿考古入门》，四川省文物考古研究院，文物出版社，2013年1月版。

37.《解说三星堆》，汤莉等，巴蜀书社2014年12月版。

38.《三星堆图腾新解》，唐远昭，巴蜀书社2015年1月版。

39.《三星堆文化》，李飞，贵州教育出版社2015年8月版。

40.《三星堆祭祀坑发掘记》，陈显丹，文物出版社2016年5月版。

41.《三星堆：文明的侧脸》，朱丹丹，巴蜀书社2016年8月版。

二 文章

·调查发掘简报

1.《四川新繁、广汉古遗址调查记》，王家祐、江甸潮，《考古通讯》1958 年第 8 期，第 27~30 页。

2.《广汉中兴公社古遗址调查简报》，四川大学历史系考古学教研组，《文物》1961 年第 11 期，第 22~27 页。

3.《广汉三星堆遗址》，四川省文物管理委员会等，《考古学报》1987 年第 2 期，第 227~254 页。

4.《广汉三星堆遗址一号祭祀坑发掘简报》，四川省文物管理委员会等，《文物》1987 年第 10 期，第 1~15 页。

5.《广汉三星堆遗址二号祭祀坑发掘简报》，四川省文物管理委员会等，《文物》1989 年第 5 期，第 1~20 页。

6.《四川广汉、什邡商周遗址调查报告》，四川省文物考古研究所三星堆工作站等，载四川大学博物馆、中国古代铜鼓研究学会编：《南方民族考古》第 5 辑，四川科学技术出版社 1993 年 12 月版，第 295~309 页。

7.《广汉月亮湾遗址发掘追记》，马继贤，载四川大学博物馆、中国古代铜鼓研究学会编：《南方民族考古》第 5 辑，四川科学技术出版社 1993 年 12 月版，第 310~324 页。

8.《广汉发掘简报》，［美］葛维汉著，沈允宁译，《成都文物》1994 年第 1 期，第 51~60 页。

9.《广汉三星堆遗址环境考古调查》，贺晓东，《四川文物》

1997 年第 4 期，第 60~61 页。

10.《三星堆遗址真武仓包包祭祀坑调查简报》，四川省文物考古研究所三星堆工作站、广汉市文物管理所，载四川省文物考古研究所编：《四川考古报告集》，文物出版社 1998 年 5 月版，第 78~90 页。

11.《四川广汉市三星堆遗址仁胜村土坑墓》，四川省文物考古研究所三星堆遗址工作站，《考古》2004 年第 10 期，第 14~22 页。

12.《三星堆遗址工作站的采集文物》，四川省文物考古研究院等，载王居中、阙显凤主编：《三星堆研究》第 4 辑《采集卷》，巴蜀书社 2014 年 12 月版，第 1~108 页。

13.《四川广汉三星堆博物馆 广汉市文物管理所采集文物》，敖天照，载王居中、阙显凤主编：《三星堆研究》第 4 辑《采集卷》，巴蜀书社 2014 年 12 月版，第 109~178 页。

14.《四川广汉市三星堆遗址青关山战国墓发掘简报》，四川省文物考古研究院，《四川文物》2015 年第 4 期，第 5~9 页。

15.《四川广汉市三星堆遗址马屁股城墙发掘简报》，四川省文物考古研究院，《四川文物》2017 年第 5 期，第 5~19 页。

· 研究论文

1.《广汉古代遗物之发现及其发掘》，林名均，《说文月刊》第 3 卷第 7 期（渝版第 1 号）《巴蜀文化专号》，1942 年 8 月，第 93~101 页；收入三星堆研究院、三星堆博物馆编：《三星堆研究》第 1 辑《田野资料》，天地出版社 2006 年 7 月版，第 96~103 页。

2.《记广汉出土的玉石器》，冯汉骥、童恩正，《文物》1979年第2期，第31~36、30页。

3.《周原卜辞中的"蜀"——兼论"早期蜀文化"与岷江上游石棺葬的族属之二》，林向，《考古与文物》1985年第6期，第66~74页。

4.《关于广汉土坑出土石璧的认识》，沈仲常、黄家祥，《成都文物》1986年第4期，第1~5页。

5.《试论我国从东北至西南的边地半月形文化传播带》，童恩正，载文物出版社编辑部编：《文物与考古论集》，文物出版社1986年12月版，第17~43页。

6.《上古巴蜀文明的重大发现——三星堆遗址与"三星堆文化"》，陈德安、陈显丹，《文史杂志》1987年第1期，第39~40页。

7.《试析三星堆遗址商代一号坑的性质及有关问题》，陈显丹、陈德安，《四川文物》1987年第4期，第27~29页。

8.《三星堆雕像群渊源的几种假说》，范小平，《德阳日报》1987年9月26日。

9.《三星堆二号祭祀坑青铜立人像初记》，沈仲常，《文物》1987年第10期，第16~17页。

10.《蜀酒探源——巴蜀的"萨满式文化"研究之一》，林向，载四川大学博物馆、中国古代铜鼓研究学会编：《南方民族考古》第1辑，四川大学出版社1987年9月版，第73~86页。

11.《巴蜀文化几个问题的探讨》，赵殿增，《文物》1987年第10期，第18~21页。

12.《巴蜀史研究的新篇章——记"巴蜀的历史与文化学术讨论会"》，林向，《社会科学研究》1987 年第 2 期，第 126~129 页。

13.《从"纵目"谈起——兼论广汉三星堆出土的"纵目"青铜人面像》，范小平，《中国文物报》1988 年 1 月 15 日第 3 版。

14.《广汉三星堆遗址出土人物造型艺术初探》，陈显丹，《文物天地》1988 年第 1 期，第 17~18 页。

15.《牙璋新解》，王永波，《考古与文物》1988 年第 1 期，第 36~46 页。

16.《论商周王朝与古蜀国的关系》，张亚初，《文博》1988 年第 4 期，第 30~38 页。

17.《从三星堆遗址看早蜀文化的手工业》，朱章义，《成都文物》1988 年第 4 期，第 23~25、29 页。

18.《广汉三星堆青铜人像在美术史上的地位》，范小平，《四川文物》1988 年第 6 期，第 45~47 页。

19.《广汉三星堆一、二号坑两个问题的探讨》，陈显丹，《文物》1989 年第 5 期，第 36~38 页。

20.《殷墟卜辞中的"蜀"——成都平原商代遗存初析》，林向，载殷墟博物苑、中国殷商文化学会编：《殷墟博物苑苑刊》创刊号，中国社会科学出版社 1989 年 8 月版，第 98~106 页。

21.《四川三星堆文化的贝币试探》，张善熙、陈显丹，《中国钱币》1989 年第 3 期，第 48、31 页。

22.《参观三星堆遗址后的随想》，董其祥，载重庆市博物馆《巴渝文化》编辑委员会编：《巴渝文化》，重庆出版社 1989 年 11 月版，第 366~372 页。

23.《三星堆遗址与古代西南文化关系初论》，罗开玉，《四川文物》1989 年增刊《广汉三星堆遗址研究专辑》，第 31~37 页。

24.《广汉三星堆青铜文化与古代西亚文明》，霍巍，《四川文物》1989 年增刊《广汉三星堆遗址研究专辑》，第 37~43 页。

25.《早期蜀文化与广汉三星堆遗址》，杨荣新，《四川文物》1989 年增刊《广汉三星堆遗址研究专辑》，第 44~49 页。

26.《关于三星堆出土青铜人面神像之探讨》，徐学书，《四川文物》1989 年增刊《广汉三星堆遗址研究专辑》，第 50~52 页。

27.《三星堆遗址所反映的蜀人一些宗教问题的研究》，巴家云，《四川文物》1989 年增刊《广汉三星堆遗址研究专辑》，第 53~58 页。

28.《广汉商代纵目青铜面像研究》，范小平，《四川文物》1989 年增刊《广汉三星堆遗址研究专辑》，第 58~62 页。

29.《三星堆遗址性质补证》，孙智彬，《四川文物》1989 年增刊《广汉三星堆遗址研究专辑》，第 62~65 页。

30.《神树、金杖、筇与蜀文化》，季智慧，《四川文物》1989 年增刊《广汉三星堆遗址研究专辑》，第 65~68 页。

31.《三星堆遗址社会性质初探》，晓昆，《四川文物》1989 年增刊《广汉三星堆遗址研究专辑》，第 72~75 页。

32.《"牙璋"初论》，陈显丹，《四川文物》1989 年第 1 期，第 12~17 页。

33.《早期蜀文化的再探讨》，宋治民，《成都文物》1989 年第 1 期，第 1~10 页。

34.《四川十年考古收获》，赵殿增，《四川文物》1989 年第 5

期，第 8~16 页。

35.《近年巴蜀文化考古综述》，赵殿增，《四川文物》1989年增刊《广汉三星堆遗址研究专辑》，第 3~10 页。

36.《广汉三星堆一、二号祭祀坑出土铜器成分的分析》，曾中懋，《四川文物》1989 年增刊《广汉三星堆遗址研究专辑》，第76~80 页。

37.《广汉三星堆遗址发掘概况、初步分期——兼论"早蜀文化"的特征及其发展》，陈显丹，载四川大学博物馆、中国古代铜鼓研究学会编：《南方民族考古》第 2 辑，四川科学技术出版社 1990 年 2 月版，第 213~231 页。

38.《〈广汉三星堆遗址〉的初步分析》，黄家祥，《考古》1990 年第 11 期，第 1030~1036 页。

39.《广汉三星堆青铜器研究》，陈显丹，《四川文物》1990年第 6 期，第 22~30 页。

40.《近五十年来巴蜀文化与历史的发现与研究》，林向，载李绍明等主编：《巴蜀历史·民族·考古·文化》，巴蜀书社 1991年 4 月版，第 3~22 页。

41.《巴蜀文化研究座谈会综述》，何志文，《社会科学研究》1991 年第 4 期，第 128 页。

42.《三星堆遗址与早蜀文化的社会经济》，朱章义，载罗开玉、罗伟先主编：《华西考古研究》一，成都出版社 1991 年 10月版，第 199~210 页。

43.《三星堆祭祀坑初析》，江章华，载罗开玉、罗伟先主编：《华西考古研究》一，成都出版社 1991 年 10 月版，第

277~287 页。

44.《三星堆遗址》，陈德安，《四川文物》1991 年第 1 期，第 63~66 页。

45.《说盾——三星堆遗址出土器物杂考》，林向，《成都文物》1991 年第 1 期，第 1~10 页。

46.《不对称形铜钺初论》，丁非，《成都文物》1991 年第 1 期，第 11~18 页。

47.《三星堆遗址青铜"纵目"人面像研究——兼和范小平同志商榷》，巴家云，《四川文物》1991 年第 2 期，第 49~55 页。

48.《论三星堆文化居民的族属》，罗二虎，载李绍明等主编：《巴蜀历史·民族·考古·文化》，巴蜀书社 1991 年 4 月版，第 44~60 页。

49.《"瞿上"新探》，庄巨川、林法仁，载李绍明等主编：《巴蜀历史·民族·考古·文化》，巴蜀书社 1991 年 4 月版，第 61~67 页。

50.《从广汉玉器看蜀与商文化的关系》，李学勤，载李绍明等主编：《巴蜀历史·民族·考古·文化》，巴蜀书社 1991 年 4 月版，第 151~156 页。

51.《从三星堆的新发现看早期蜀文化》，宋治民，载李绍明等主编：《巴蜀历史·民族·考古·文化》，巴蜀书社 1991 年 4 月版，第 207~223 页。

52.《三星堆遗址的文化特征》，陈显丹、陈德安，载李绍明等主编：《巴蜀历史·民族·考古·文化》，巴蜀书社 1991 年 4 月版，第 320~330 页。

53.《商代蜀国青铜雕像文化来源和功能之再探讨》，段渝，《四川大学学报（哲学社会科学版）》1991 年第 2 期，第 97~106 页。

54.《商周青铜器"人兽母题"纹饰考释》，徐良高，《考古》1991 年第 5 期，第 442~447、404 页。

55.《先秦时期长江流域青铜文化初探——兼论古代文化交融的途径与方式》，裘士京，《东南文化》1991 年第 2 期，第 8~13 页。

56.《广汉三星堆青铜人像群》，陈德安，《美术》1991 年第 7 期，第 62~64 页。

57.《三星堆：中国西南新发现的青铜器时代遗址》，〔美〕葛岩、凯瑟琳·M·林道夫著，吕公义译，《四川文物》1991 年第 6 期，第 71~77 页。

58.《商代青铜面具小考》，宋新潮，《考古与文物》1991 年第 6 期，第 70~74 页。

59.《广汉三星堆一号、二号祭祀坑几个问题的探讨》，宋治民，载四川大学博物馆、中国古代铜鼓研究学会编：《南方民族考古》第 3 辑，四川科学技术出版社 1991 年 12 月版，第 69~84 页。

60.《浅释三星堆二号祭祀坑出土的"边璋"图案》，陈德安，载四川大学博物馆、中国古代铜鼓研究学会编：《南方民族考古》第 3 辑，四川科学技术出版社 1991 年 12 月版，第 85~90 页。

61.《丙烯酸树脂在三星堆出土象牙保护中的应用》，黄维贤，《四川文物》1991 年第 1 期，第 75~77 页。

62.《广汉三星堆二号祭祀坑出土铜器成分的分析》，曾中懋，《四川文物》1991 年第 1 期，第 72~74 页。

63.《三星堆出土青铜器上"有害锈"的分析和研究——兼谈保护问题》，曾中懋，《四川文物》1992 年增刊《三星堆古蜀文化专辑》，第 88~92 页。

64.《浅谈三星堆出土金面铜头像的修复工艺》，杨小邬，《四川文物》1992 年增刊《三星堆古蜀文化专辑》，第 93~96 页。

65.《四川广汉三星堆遗址的发现与研究》，段渝，《历史教学问题》1992 年第 2 期，第 56~59 页。

66.《巴蜀文化研究的新进展——三星堆国际学术讨论会综述》，子规，《四川社科界》1992 年第 3 期，第 47~49 页。

67.《纪念三星堆考古发现 60 周年暨巴蜀文化与历史国际学术讨论会侧记》，敖兴全，《文史杂志》1992 年第 3 期，第 27~28 页。

68.《纪念三星堆考古发现六十周年暨巴蜀文化与历史国际学术讨论会述要》，黄圭，《天府新论》1992 年第 4 期，第 91~92、81 页。

69.《巴蜀文化与历史国际学术讨论会综述》，杨荣新，《四川文物》1992 年第 4 期，第 77~80 页。

70.《三星堆文化与西南地区文化传播的源流》，庄文彬，《四川文物》1992 年第 2 期，第 3~9 页。

71.《三星堆遗址出土文物三题》，黄家祥，《四川文物》1992 年第 2 期，第 21~23 页。

72.《三星堆青铜立人像的文化密码试解》，罗曲，《文史杂志》1992 年第 2 期，第 44~45 页。

73.《四川出土青铜晚期印章》，［美］罗伯特·琼斯著，杨秋莎译，《四川文物》1992 年第 2 期，第 77~81 页。

74.《铜树——太阳栖息的扶桑和若木》，孙华，《中国文物报》1992 年 5 月 17 日第 3 版。

75.《凸眼铜面像——蜀人的尊神烛龙和蚕丛》，孙华，《中国文物报》1992 年 5 月 24 日第 3 版。

76.《铜立人像——瞎眼巫史的总管》，孙华，《中国文物报》1992 年 5 月 31 日第 3 版。

77.《三星堆"祭祀坑说"唱异——兼谈鱼凫和杜宇之关系》，徐朝龙，《四川文物》1992 年第 5 期，第 32~38 页。

78.《广汉三星堆大耳人像与儋耳习俗》，曾湘军，《文史知识》1992 年第 11 期，第 38~40 页。

79.《"三星堆"青铜器刍议》，文昌，《成都文物》1992 年第 4 期，第 10~16 页。

80.《广汉石磬和古巴蜀磬乐》，幸晓峰，《四川文物》1992 年第 6 期，第 27~31 页。

81.《三星堆"祭祀坑"唱异（续）——兼谈鱼凫和杜宇的关系》，徐朝龙，《四川文物》1992 年第 6 期，第 40~47 页。

82.《三星堆文化的启示》，王子岗，《文史杂志》1992 年第 6 期，第 42~43 页。

83.《论商周时期的青铜面饰》，柴晓明，《考古》1992 年第 12 期，第 1111~1121 页。

84.《三星堆与蜀国古史传说》，李学勤，载田昌五主编：《华夏文明》第 3 集，北京大学出版社 1992 年 12 月版。

85.《三星堆考古发现与巴蜀古史研究》，赵殿增，《四川文物》1992 年增刊《三星堆古蜀文化专辑》，第 3~12 页。

86.《〈帝系〉传说与蜀文化》，李学勤，《四川文物》1992 年增刊《三星堆古蜀文化专辑》，第 13~17 页。

87.《鱼凫考——也谈三星堆遗址》，胡昌钰、蔡革，《四川文物》1992 年增刊《三星堆古蜀文化专辑》，第 26~33 页。

88.《三星堆出土的古蜀"龙护柱"族标考》，骆宾基，《四川文物》1992 年增刊《三星堆古蜀文化专辑》，第 34~38 页。

89.《三星堆祭祀坑出土青铜面具研究》，陈德安，《四川文物》1992 年增刊《三星堆古蜀文化专辑》，第 38~44 页。

90.《三星堆文化玉石器研究》，陈显丹，《四川文物》1992 年增刊《三星堆古蜀文化专辑》，第 45~49 页。

91.《三星堆青铜立人像考》，钱玉趾，《四川文物》1992 年增刊《三星堆古蜀文化专辑》，第 50~55 页。

92.《璋的考辨——兼论三星堆玉器》，李天勇、谢丹，《四川文物》1992 年增刊《三星堆古蜀文化专辑》，第 56~61 页。

93.《金杖神树与古蜀祖先崇拜》，邱登成，《四川文物》1992 年增刊《三星堆古蜀文化专辑》，第 84~87 页。

94.《德阳钱币学会成立大会暨三星堆出土海贝与西南丝路货币经济研讨会综述》，德阳市钱币学会秘书处，《四川文物》1993 年第 5 期，第 52~53 页。

95.《三星堆·巫文化·夏文化》，季智慧，《文史杂志》1993 年第 1 期，第 14~15 页。

96.《早期蜀文化与商文化的关系》，郑振香，《中原文物》1993 年第 1 期，第 6~11、46 页。

97.《四川广汉三星堆陶塑动物》，陈显丹，《文物天地》1993 年第 2 期，第 8~10 页。

98.《三星堆突目阔嘴青铜人面像新解》，钱玉趾，《文史杂志》1993 年第 3 期，第 28~29 页。

99.《论商代长江上游川西平原青铜文化与华北和世界文明的关系》，段渝，《东南文化》1993 年第 2 期，第 1~22 页。

100.《"三星堆文化"四说》，刘少匆，《成都文物》1993 年第 2 期，第 21~28 页。

101.《从三星堆遗存看巴蜀文化中的祭祀巫术》，肖平，载成都市博物馆编：《文物考古研究》，成都出版社 1993 年 7 月版，第 113~122 页。

102.《关于三星堆器物坑若干问题的辩证》，孙华，《四川文物》1993 年第 4 期，第 3~11 页。

103.《三星堆青铜立人像文化意识与艺术特征》，缪永舒，《四川文物》1993 年第 4 期，第 12~18 页。

104.《早期蜀文化研究的新起点——再论三星堆文化》，王子岗，《成都文物》1993 年第 3 期，第 31~34 页。

105.《广汉出土青铜立人像服饰管见》，王孖、王亚蓉，《文物》1993 年第 9 期，第 60~68 页。

106.《关于三星堆器物坑若干问题的辩证（续）》，孙华，《四川文物》1993 年第 5 期，第 3~7 页。

107.《广汉三星堆遗址海贝的研究》，莫洪贵，《四川文物》

1993 年第 5 期，第 40~44 页。

108.《试论三星堆海贝来源及其影响》，刘光曙，《四川文物》1993 年第 5 期，第 45~47 页。

109.《三星堆海贝来源初探》，敖天照，《四川文物》1993 年第 5 期，第 48~50 页。

110.《三星堆器物坑的年代及性质分析》，孙华，《文物》1993 年第 11 期，第 71~76 页。

111.《论古蜀文化区——长江上游的古代文明中心》，林向，载李绍明等主编：《三星堆与巴蜀文化》，巴蜀书社 1993 年 11 月版，第 1~10 页。

112.《试论早蜀文化的渊源与族属》，范勇，载李绍明等主编：《三星堆与巴蜀文化》，巴蜀书社 1993 年 11 月版，第 17~26 页。

113.《关于三星堆文化的两个问题》，王家祐、李复华，载李绍明等主编：《三星堆与巴蜀文化》，巴蜀书社 1993 年 11 月版，第 27~32 页。

114.《鱼凫族探源与三星堆断想》，管维良，载李绍明等主编：《三星堆与巴蜀文化》，巴蜀书社 1993 年 11 月版，第 41~48 页。

115.《三星堆饕餮纹的分析》，李学勤，载李绍明等主编：《三星堆与巴蜀文化》，巴蜀书社 1993 年 11 月版，第 76~80 页。

116.《三星堆祭祀坑文物研究》，赵殿增，载李绍明等主编：《三星堆与巴蜀文化》，巴蜀书社 1993 年 11 月版，第 81~92 页。

117.《广汉三星堆出土铜像考释》，龙晦，载李绍明等主编：《三星堆与巴蜀文化》，巴蜀书社 1993 年 11 月版，第 93~100 页。

118.《广汉青铜人物群雕的美术史价值》，李松，载李绍明等主编:《三星堆与巴蜀文化》,巴蜀书社 1993 年 11 月版,第101~106 页。

119.《三星堆青铜人像群的社会内容和艺术形式初探——兼与中东地区上古雕塑艺术之比较》,范小平,载李绍明等主编:《三星堆与巴蜀文化》,巴蜀书社 1993 年 11 月版,第 107~115 页。

120.《中国古代的日晕与神话图像》,〔日〕林巳奈夫著,杨凌译,载李绍明等主编:《三星堆与巴蜀文化》,巴蜀书社 1993年 11 月版,第 116~135 页。

121.《广汉、安阳祭祀坑比较研究》,徐自强,载李绍明等主编:《三星堆与巴蜀文化》,巴蜀书社 1993 年 11 月版,第136~144 页。

122.《论三星堆遗址及相关问题》,宋治民,载李绍明等主编:《三星堆与巴蜀文化》,巴蜀书社 1993 年 11 月版,第 145~151 页。

123.《论广汉三星堆一、二号祭祀坑非同一民族所为及相关问题》,李安民,载李绍明等主编:《三星堆与巴蜀文化》,巴蜀书社 1993 年 11 月版,第 152~159 页。

124.《早期蜀国玉雕初探——商代方国玉器研究之一》,杨建芳,载李绍明等主编:《三星堆与巴蜀文化》,巴蜀书社 1993 年11 月版,第 160~169 页。

125.《试论广汉三星堆发现的玉瑞》,王永波,载李绍明等主编:《三星堆与巴蜀文化》,巴蜀书社 1993 年 11 月版,第170~182 页。

126.《广汉三星堆出土金器管窥》,邱登成,载李绍明等主编:《三星堆与巴蜀文化》,巴蜀书社 1993 年 11 月版,第 192~197 页。

127.《广汉三星堆遗址出土的象牙》，江玉祥，载李绍明等主编：《三星堆与巴蜀文化》，巴蜀书社 1993 年 11 月版，第 198~204 页。

128.《论陕南城、洋地区青铜器及其与早期蜀文化的关系》，刘士莪、赵丛苍，载李绍明等主编：《三星堆与巴蜀文化》，巴蜀书社 1993 年 11 月版，第 210~217 页。

129.《陕南巴蜀文化的考古发现与研究——兼论蜀与商周的关系》，魏京武，载李绍明等主编：《三星堆与巴蜀文化》，巴蜀书社 1993 年 11 月版，第 218~226 页。

130.《"瞿上"再考——三星堆为鱼凫旧都"瞿上"说》，［日］徐朝龙，载李绍明等主编：《三星堆与巴蜀文化》，巴蜀书社 1993 年 11 月版，第 275~284 页。

131.《三星堆的发现发掘与遗址的保护利用》，肖先进，载李绍明等主编：《三星堆与巴蜀文化》，巴蜀书社 1993 年 11 月版，第 291~295 页。

132.《试说"三星堆"文明的货币》，屈小强，《成都文物》1993 年第 4 期，第 31~35 页。

133.《关于"巴蜀文化"的命名》，傅征，《文史杂志》1993 年第 6 期，第 18~20 页。

134.《略谈三星堆海贝的来源》，敖天照，《文史杂志》1993 年第 6 期，第 53~54 页。

135.《商周面具初探》，刘士莪、黄尚明，《考古与文物》1993 年第 6 期，第 70~74 页。

136.《三千年前的特殊货币——海贝》，石云子，《中国文物报》1993 年 12 月 19 日第 3 版。

137.《试论广汉三星堆遗址的分期》，孙华，载四川大学博物馆、中国古代铜鼓研究学会编：《南方民族考古》第 5 辑，四川科学技术出版社 1993 年 12 月版，第 10~24 页。

138.《对广汉埋葬坑青铜器及其他器物之意义的初步认识》，诺埃尔·巴纳德著，雷雨、罗亚平译，载四川大学博物馆、中国古代铜鼓研究学会编：《南方民族考古》第 5 辑，四川科学技术出版社 1993 年 12 月版，第 25~66 页。

139.《巴蜀文化研究概述》，文玉，《中华文化论坛》1994 年第 1 期，第 54~59 页。

140.《牙璋述要》，杨伯达，《故宫博物院院刊》1994 年第 3 期，第 41~48 页。

141.《对三星堆文明—古蜀文明研究的回顾与思考》，曲玉缘，《中国史研究动态》1994 年第 3 期，第 2~9 页。

142.《"中国先秦史暨巴蜀文化国际学术讨论会"综述》，慕白，《中华文化论坛》1994 年第 4 期，第 84~86 页。

143.《先秦史暨巴蜀文化国际学术讨论会综述》，余直，《历史教学》1994 年第 11 期，第 51~54 页。

144.《中国先秦史暨巴蜀文化国际学术讨论会观点撷要》，清扬，《文史杂志》1994 年第 6 期，第 45 页。

145.《古蜀文明与中华牙璋》，林向，《中华文化论坛》1994 年第 1 期，第 38~46、64 页。

146.《神奇绝妙的巴蜀青铜艺术》，赵殿增，载四川省文物考古研究所：《中国考古文物之美 3·商代蜀人秘宝——四川广汉三星堆遗迹》，文物出版社、（台北）光复书局 1994 年 12 月版。

147.《三星堆遗址一、二号坑的性质及其他》，巴家云，《文史杂志》1994 年第 1 期，第 26~27 页。

148.《巴蜀青铜器研究（上）》，陈显丹，《成都文物》1994 年第 1 期，第 6~14 页。

149.《三星堆先民的陶器制作业》，傅正初，《成都文物》1994 年第 1 期，第 15~17 页。

150.《三星堆宗教文化初探》，汤清琦，《宗教学研究》1994 年第 1 期，第 32~39 页。

151.《四川广汉三星堆商代祭祀坑为农业祭祀说》，彭明瀚，《农业考古》1994 年第 1 期，第 200~202 页。

152.《三星堆文明时期的食盐贸易》，屈小强，《盐业史研究》1994 年第 1 期，第 11~15 页。

153.《三星堆出土陶器研究》，刘新生，《四川文物》1994 年第 2 期，第 29~33 页。

154.《广汉三星堆遗址出土玉石器的初步考察》，高大伦、李映福，《考古与文物》1994 年第 2 期，第 82~86 页。

155.《三星堆遗址二号坑出土青铜立人像试释》，黄家祥，《华夏考古》1994 年第 2 期，第 79~80、60 页。

156.《三星堆墓葬与古蜀人的丧葬习俗》，傅正初，《天府新论》1994 年第 3 期，第 80~82 页。

157.《越南北部出土牙璋》，李学勤，《文物天地》1994 年第 3 期。

158.《巴蜀青铜器研究（下）》，陈显丹，《成都文物》1994

年第 2 期，第 16~29 页。

159.《广汉三星堆一号、二号祭祀坑所反映的祭祀内容、祭祀习俗研究》，李安民，《四川文物》1994 年第 4 期，第 11~15 页。

160.《广汉三星堆器物坑之性质研究》，李先登，《中国文物报》1994 年 8 月 21 日第 3 版。

161.《面具眼睛的辟邪御敌功能——从泛太平洋文化之视角看三苗、饕餮、吞口、蚩尤、方相以及三星堆"筒状目睛"神巫的类缘关系》，萧兵，《淮阴师专学报》1994 年第 4 期，第 37~39 页。

162.《由牙璋略论汉土传入越南的遗物》，饶宗颐，载邓聪编：《南中国及邻近地区古文化研究》，香港中文大学出版社 1994 年 11 月版，第 1~4 页。

163.《兴于水利　毁于水攻——试析三星堆古城的兴起和毁弃》，郭发明，《成都文物》1994 年第 4 期，第 45~47 页。

164.《三星堆纵目式青铜面具的人类学意义》，王纪潮，《四川文物》1994 年第 6 期，第 3~11、62 页。

165.《纵目青铜人像的民族学观察》，杨明洪，《四川文物》1994 年第 6 期，第 11~15 页。

166.《从月亮湾到三星堆——葬物坑为盟誓遗迹说》，王仁湘，《文物天地》1994 年第 6 期，第 28~32 页。

167.《谈三星堆古城的兴废和水的关系》，郭发明，《四川水利》1994 年第 6 期，第 48~50 页。

168.《三星堆出土铜器的铸造技术》，曾中懋，《四川文物》

1994 年第 6 期，第 68~69、77 页。

169.《广汉三星堆遗物坑青铜器的铅同位素比值研究》，金正耀等，《文物》1995 年第 2 期，第 80~85 页。

170.《四川省广汉三星堆遗址青铜立人像修复复原工艺》，傅金凯，载国家文物局博物馆处、中国文物学会文物修复委员会编：《文物修复与研究》，国际文化出版公司 1995 年 4 月版，第 278~281 页。

171.《先秦史暨巴蜀文化国际学术讨论会综述》，张金岭，《中国史研究动态》1995 年第 1 期，第 23~24 页。

172.《"三星堆遗址器物断代暨巴蜀文化研究"座谈会综述》，若地，《社会科学研究》1995 年第 1 期，第 83~84 页。

173.《中国先秦史暨巴蜀文化国际学术讨论会综述》，王定璋，《四川文物》1995 年第 1 期，第 72~74、80 页。

174.《中国先秦史学会第六届年会暨巴蜀文化国际学术讨论会综述》，徐勇、达剑，《文史哲》1995 年第 2 期，第 103~105 页。

175.《为了巴蜀考古的明天——21 世纪巴蜀考古座谈会侧记》，杨文，《四川文物》1995 年第 2 期，第 75~76 页。

176.《近年来先秦巴蜀文化研究一瞥》，徐勇、黎小龙，《历史教学》1995 年第 12 期，第 49~51 页。

177.《三星堆文化与二里头文化的关系及相关问题》，杜金鹏，《四川文物》1995 年第 1 期，第 3~9 页。

178.《三星堆文化是蜀文化的先声》，王子岗，《四川文物》1995 年第 1 期，第 10~14 页。

179.《三星堆遗址"祭祀坑"年代为春秋说》，徐学书，《社会科学研究》1995年第1期，第74~82页。

180.《从古蜀国人种谈三星堆"祭祀坑"的年代》，屈小强、李殿元，《文史杂志》1995年第1期，第48页。

181.《也谈广汉三星堆玉璧的文化功能》，陈江风、周铁项，《四川文物》1995年第2期，第14~17页。

182.《从广汉三星堆祭祀坑出土文物看当时蜀人的服饰特征》，蔡革，《四川文物》1995年第2期，第18~24页。

183.《广汉三星堆出土商代铜牌浅说》，杜金鹏，《中国文物报》1995年4月9日第3版。

184.《三星堆商代器物坑探幽》，林小安，《文物天地》1995年第3期，第29~30页。

185.《说卜辞之蜀》，饶宗颐，载罗士烈等主编：《先秦史与巴蜀文化论集》，历史教学社1995年10月版，第197~200页。

186.《试探三星堆遗址一号祭祀坑出土的B型玉璋》，史延廷，载罗世烈等主编：《先秦史与巴蜀文化论集》，历史教学社1995年10月版，第209~215页。

187.《论三星堆青铜面具及其古蜀图腾》（摘要），范小平，载罗世烈等主编：《先秦史与巴蜀文化论集》，历史教学社1995年10月版，第314~315页。

188.《广汉三星堆器物坑之再研究》（摘要），李先登，载罗世烈等主编：《先秦史与巴蜀文化论集》，历史教学社1995年10月版，第315页。

189.《论三星堆文化的原始宗教习俗及其社会意义》（摘要），

骆永寿，载罗世烈等主编：《先秦史与巴蜀文化论集》，历史教学社 1995 年 10 月版，第 316 页。

190.《三星堆文化若干问题辩正》（摘要），何志国，载罗世烈等主编：《先秦史与巴蜀文化论集》，历史教学社 1995 年 10 月版，第 316~317 页。

191.《对三星堆文化的研究趋向的思考》（摘要），石应平，载罗世烈等主编：《先秦史与巴蜀文化论集》，历史教学社 1995 年 10 月版，第 317 页。

192.《三星堆蜀都古城古国探微》（摘要），敖天照，载罗世烈等主编：《先秦史与巴蜀文化论集》，历史教学社 1995 年 10 月版，第 318 页。

193.《三星堆文化研究二题》，王家祐，《成都文物》1995 年第 4 期，第 35~40 页。

194.《四川的商代蜀城》，［美］罗伯特·贝格勒著，谢丹译，《四川文物》1995 年第 6 期，第 73~77 页。

195.《四川大学博物馆收藏的汉以前部分玉石器》，高大伦、邢进原，《文物》1995 年第 4 期，第 68~75 页。

196.《转型期图腾与三星堆文化》，范小平，《中华文化论坛》1996 年第 1 期，第 75~77 页。

197.《三星堆祭祀坑性质寻证》，冯广宏，《成都文物》1996 年第 1 期，第 7~11 页。

198.《宝鸡強国墓地渊源的初步探讨——兼论蜀文化与城固铜器群的关系》，张文祥，《考古与文物》1996 年第 2 期，第 44~49 页。

199.《三星堆青铜雕铸品的文化内涵》，杨正苞，《文史杂志》1996 年第 4 期，第 54~55 页。

200.《关于三星堆两个器物坑地下文物的认识》，徐鹏章，《成都文物》1996 年第 3 期，第 14~17 页。

201.《三星堆文化与夏商文化的关系》，邹衡，载四川省文物考古研究所编：《四川考古论文集》，文物出版社 1996 年 12 月版，第 57~58 页。

202.《三星堆文化在我国文化总谱系中的位置、地望及其土地崇拜》，俞伟超，载四川省文物考古研究所编：《四川考古论文集》，文物出版社 1996 年 12 月版，第 59~63 页。

203.《从对三星堆青铜器年代的不同认识谈到如何正确理解和运用"文化滞后"理论》，李伯谦，载四川省文物考古研究所编：《四川考古论文集》，文物出版社 1996 年 12 月版，第 64~69 页。

204.《"祭祀坑说"辨析》，张肖马，《成都文物》1996 年第 2 期，第 13~18 页。

205.《广汉三星堆出土玉器考古地质学研究》，苏永江，载四川省文物考古研究所编：《四川考古论文集》，文物出版社 1996 年 12 月版，第 79~90 页。

206.《人神交往的途径——三星堆文物研究》，赵殿增，载四川省文物考古研究所编：《四川考古论文集》，文物出版社 1996 年 12 月版，第 91~103 页。

207.《论广汉三星堆两座窖藏坑的性质及其相关问题》，王燕芳等，《四川文物》1996 年增刊《四川考古研究论文集》，第

5~10 页。

208.《长江流域青铜器与商代考古》，任汶，《南方文物》1996 年第 2 期，第 31~45 页。

209.《从考古新发现看四川上古文化的开放性》，高大伦，《天府新论》1996 年第 5 期，第 75~79 页。

210.《古蜀文化源远流长——广汉"三星堆遗址"览胜》，曹弘，《四川统一战线》1997 年第 4 期，第 33 页。

211.《从"眼睛"崇拜谈"蜀"字的本意与起源——三星堆文明精神世界探索之一》，赵殿增，《四川文物》1997 年第 3 期，第 3~8 页。

212.《三星堆蜀文化与三苗文化的关系及其崇拜内容》，俞伟超，《文物》1997 年第 5 期，第 31~41 页。

213.《对三星堆文化若干问题的认识》，李伯谦，载北京大学考古系编：《考古学研究（三）》，科学出版社 1997 年 6 月版，第 84~94 页。

214.《三星堆立人踏鸟青铜像》，钱玉趾，《成都文物》1997 年第 2 期，第 48~49 页。

215.《古蜀历史的几个问题（中）》，［美］Steven F. 塞基著，段渝、晓钟译，《中华文化论坛》1997 年第 3 期，第 48~51 页。

216.《从"手"的崇拜谈青铜雕像群表现的"英雄"崇拜——三星堆文明精神世界探索之二》，赵殿增，《四川文物》1997 年第 4 期，第 3~7 页。

217.《广汉三星堆遗址一、二号坑的时代性质的再讨论》，陈显丹，《四川文物》1997 年第 4 期，第 8~12 页。

218.《三星堆文化与巴蜀文化的关系》，何志国，《四川文物》1997 年第 4 期，第 13~20 页。

219.《三星堆出土仿植物青铜器解读》，钟仕伦，《文史杂志》1997 年第 4 期，第 30~32 页。

220.《蜀文化神秘面纱的揭开》，李学勤，《寻根》1997 年第 4 期，第 4~5 页。

221.《三星堆青铜造像》，黄剑华，《寻根》1997 年第 4 期，第 15~18 页。

222.《三星堆的海贝和铜贝》，屈小强，《寻根》1997 年第 4 期，第 19~21 页。

223.《三星耀西南》，樊一，《寻根》1997 年第 4 期，第 44 页。

224.《三星堆与大洋洲（上）》《三星堆与大洋洲（下）》，李学勤，载李学勤：《比较考古学随笔》，广西师范大学出版社 1997 年 8 月版，第 29~42 页。

225.《蜀国的璋、瓃》，李学勤，载李学勤：《比较考古学随笔》，广西师范大学出版社 1997 年 8 月版，第 50~56 页。

226.《三星堆青铜雕像与西亚上古雕塑艺术比较》，范小平，《四川文物》1997 年第 5 期，第 52~57 页。

227.《三星堆器物坑饰"鱼凫纹"金杖与强国墓地"鸭首形"铜庲》，高大伦，《中国文物报》1997 年 10 月 12 日第 3 版。

228.《三星堆"青铜兽面像"辨》，杨正苞，《文史杂志》1997 年第 5 期，第 37 页。

229.《从一件新材料看广汉铜牌饰》，李学勤，《中国文物报》

1997 年 11 月 30 日第 3 版。

230.《大禹与巴蜀》，张启成，《文史杂志》1997 年第 6 期，第 20~22 页。

231.《三星堆青铜人面像之我见》，庞永臣，《文史杂志》1997 年第 6 期，第 22~24 页。

232.《封禅考——兼论三星堆两坑性质》，樊一、陈煦，《四川文物》1998 年第 1 期，第 3~9 页。

233.《论三星堆纵目的青铜面像》，范小平，《四川文物》1998 年第 1 期，第 21~27 页。

234.《三星堆文明原始宗教的构架特征》，赵殿增，《中华文化论坛》1998 年第 1 期，第 86~91 页。

235.《谈三星堆出土神树的性质》，冯恩学，《中华文化论坛》1998 年第 1 期，第 92~94 页。

236.《原始宗教象征代码的世界——三星堆文化美学研究（下）》，王政，《民族艺术》1998 年第 1 期，第 57~70 页。

237.《试论三星堆文化、十二桥文化与周邻文化的关系》，江章华，《成都文物》1998 年第 1 期，第 4~11 页。

238.《论四川出土的商代西周青铜礼器》，施劲松，载四川大学考古专业编：《四川大学考古专业创建三十五周年纪念文集》，四川大学出版社 1998 年 4 月版，第 179~189 页。

239.《三星堆神祺文化探秘》，谭继和，《四川文物》1998 年第 3 期，第 3~11 页。

240.《古蜀国鱼凫世钩沉》，高大伦，《四川文物》1998 年第 3 期，第 21~23 页。

241.《论巴蜀树神崇拜——兼论司马相如等人的"赋家之心"》，钟仕伦，《社会科学研究》1998年第4期，第128~131页。

242.《金杖图案浅析》，张跃辉，《中国文物报》1998年10月11日第4版。

243.《灵彻三界的通天神树》，朱亚容，《中国文物报》1998年10月11日第4版。

244.《三星堆傩文化探秘》，冯广宏，《成都文物》1998年第4期，第36~38页。

245.《20年中国考古文化之我见——兼说龙虎凤文化与三星堆文化》，王家祐，《文史杂志》1998年第6期，第10~13页。

246.《四川两处博物馆藏三星堆玉石器的新认识》，高大伦、邢进原，载邓聪主编：《东亚玉器》下，香港中文大学中国考古艺术研究中心1998年版，第25~29页。

247.《三星堆遗址的发现与研究》，陈德安，《中华文化论坛》1998年第2期，第57~63页。

248.《若木·神树·鸡杖》，刘弘，《四川文物》1998年第5期，第7~10页。

249.《三星堆"兽面具"辨析》，张明华，《中国文物报》1999年3月17日第3版。

250.《关于三星堆二号"祭祀坑"出土文物的定名、用途及时代问题》，张增祺，《考古》1999年第4期，第88~91页。

251.《三星堆青铜神树探讨》，黄剑华，《四川文物》1999年第2期，第40~44页。

252.《三星堆文化研究》，王毅、张擎，《四川文物》1999年第 3 期，第 13~22 页。

253.《鸟脚人像与维纳斯》，苏宁，《中华文化论坛》1999 年第 3 期，第 65~71 页。

254.《弧星璀璨照蜀土——三星堆遗址天文历法现象简析》，庞永臣，《文史杂志》1999 年第 4 期，第 4~8 页。

255.《略谈巴蜀文化与巴蜀文明》，赵殿增，载巴蜀文化丛书编委会编：《巴蜀文化论集》，四川民族出版社 1999 年 8 月版，第 142~150 页。

256.《三星堆文物考古之美》，魏学峰，载巴蜀文化丛书编委会编：《巴蜀文化论集》，四川民族出版社 1999 年 8 月版，第 265~298 页。

257.《中国西南出土青铜树——从三星堆青铜树说起》，林向，载马承源主编：《青铜文化研究》第 1 辑，黄山书社 1999 年 10 月版，第 62~74 页。

258.《三星堆青铜器系中原有缗族携来》，白剑，《文史杂志》1999 年第 6 期，第 38~41 页。

259.《三星堆石器矿物成分的初步报导（1）》，张如柏，《四川文物》1999 年第 6 期，第 56~58 页。

260.《三星堆文化与殷商文明研究的新观点和争论问题——殷商文明暨纪念三星堆遗址发现 70 周年国际学术研讨会述评》，文玉，《中华文化论坛》2000 年第 4 期，第 19~21 页。

261.《三星堆会议概述》，郭昱，《殷都学刊》2000 年第 4 期，第 103~106 页。

262.《三钮珍奇的巴蜀铜玺》，李学勤，载《中国青铜器萃赏》，新加坡亚洲文明博物馆，2000 年。

263.《古蜀王国器物造型之内涵》，陈显丹，《中华文化论坛》2000 年第 1 期，第 21~28 页。

264.《三星堆宗教内含试探》，李复华、王家祐，《成都文物》2000 年第 1 期，第 4~7 页。

265.《大宗伯与姬蜀郊祭——三星堆大铜人造型寓意及其他》，庞永臣，《文史杂志》2000 年第 2 期，第 9~12 页。

266.《三星堆文化与种族民族》，李绍明，《贵州民族研究》2000 年第 2 期，第 64~68 页。

267.《三星堆青铜造像艺术探讨》，黄剑华，《文史杂志》2000 年第 4 期，第 10~14 页。

268.《三星堆青铜艺术的人物造型研究》，林向，《中华文化论坛》2000 年第 3 期，第 31~38 页。

269.《三星堆青铜造像与古蜀祭祀活动探讨》，黄剑华，《中华文化论坛》2000 年第 3 期，第 39~45 页。

270.《重论三星堆祭祀坑不属鱼凫氏》，冯广宏，《成都文物》2000 年第 3 期，第 9~13 页。

271.《蚕丛氏名姓钩沉——三星堆遗存祭尸等现象辨识》，庞永臣，《文史杂志》2000 年第 5 期，第 4~9 页。

272.《三星堆玉璋图案探讨》，黄剑华，《四川文物》2000 年第 5 期，第 11~17 页。

273.《三星台——三星堆故名及文化背景》，白剑，《文史杂志》2000 年第 6 期，第 4~8 页。

274.《加强巴蜀文化研究，促进西部大开发——"四川省巴蜀文化研究会学术研讨会"纪要》，彭朝阳、邱源媛，《四川大学学报（哲学社会科学版）》2001年第3期，第115页。

275.《三星堆探索》，赵殿增，《中国旅游报》2001年2月9日。

276.《三星堆青铜器的美术价值初探》，魏学峰，《美术》2001年第4期，第62~64。

277.《三星堆太阳崇拜探讨》，黄剑华，《中华文化论坛》2001年第2期，第42~47页。

278.《三星堆服饰文化探讨》，黄剑华，《四川文物》2001年第2期，第3~12页。

279.《三星堆与商周青铜人像造型艺术研究》，范小平，《四川文物》2001年第2期，第13~17页。

280.《三星堆文化太阳神崇拜浅说》，邱登成，《四川文物》2001年第2期，第17~21页。

281.《古代蜀人的通天神树》，黄剑华，《四川大学学报（哲学社会科学版）》2001年第4期，第72~80页。

282.《三星堆农副业与神祺文化探讨》，黄剑华，《四川文物》2001年第4期，第8~13页。

283.《三星堆文明与中原文明的关系》，黄剑华，《中原文物》2001年第4期，第51~56、59页。

284.《面具、神器及其他——三星堆文明中的郊祀之礼》，庞永臣，《文史杂志》2001年第4期，第16~20页。

285.《三星堆时期古蜀国与远方的文化交往》，黄剑华，《文史杂志》2001年第4期，第21~23页。

286.《三星堆考古发现的重要意义》，黄剑华，《成都文物》2001 年第 3 期，第 11~16 页。

287.《三星堆文化疑谜之我见》，冯广宏，《成都文物》2001 年第 3 期，第 17~22 页。

288.《姬蜀尊俎祭轩辕——三星堆文明禘祭管窥》，庞永臣，《文史杂志》2001 年第 6 期，第 20~24 页。

289.《寻找三星堆文化的来龙去脉——成都平原的考古最新发现》，林向，《中华文化论坛》2001 年第 4 期，第 50~53 页。

290.《三星堆青铜神坛赏析》，赵殿增，《文物天地》2001 年第 5 期，第 36~38 页。

291.《神性与王权——三星堆青铜塑像》，张波，《华夏文化》2001 年第 4 期，第 31~33 页。

292.《广汉三星堆出土玉器玉料来源的讨论》，苏永江，载杨伯达主编：《出土玉器鉴定与研究——中国出土玉器鉴定与研究学术研讨会论文集》，紫禁城出版社 2001 年 4 月版，第 48~56 页。

293.《从"神树"到"钱树"——兼谈"树崇拜"观念的发展与演变》，赵殿增、袁曙光，《四川文物》2001 年第 3 期，第 3~12 页。

294.《笔谈三星堆——共同营造三星堆文化研究园地》，李复华，《中华文化论坛》2001 年第 3 期，第 20 页。

295.《三星堆考古收获概要》，赵殿增，《中华文化论坛》2001 年第 2 期。

296.《关于三星堆遗址第一期文化遗存的几个问题》，李明斌，《成都文物》2001 年第 2 期，第 56~61 页。

297.《"巴蜀文化与西部开发研讨会"综述》，张斌、邹一清，《中华文化论坛》2002年第1期，第127页。

298.《近十年来考古出土先秦时期玉器统计表》，郝明勤等，《四川文物》2002年第5期，第83~88页。

299.《早蜀文化遗物中眼形及眼形器之研究》，高大伦，《成都文物》2002年第2期，第4~11页。

300.《三星堆·傩仪·戏剧》，白剑，《四川戏剧》2002年第3期，第38~40、43页。

301.《三星堆文化源流考略》，蒋南华，《贵州文史丛刊》2002年第1期，第6~9页。

302.《三星堆文化的重要特色——神》，赵殿增，《中华文化论坛》2002年第1期，第35~38页。

303.《三星堆青铜立人新考》，王政，《天府新论》2002年第1期，第86~91页。

304.《论转型期图腾艺术——兼四川广汉三星堆青铜雕图腾观之讨论》，范小平，《美术观察》2002年第2期，第53~55页。

305.《成都平原先秦文化初论》，江章华等，《考古学报》2002年第1期，第1~22页。

306.《三星堆宗教内涵试探》，李复华、王家祐，《四川文物》2002年第1期，第42~44页。

307.《试论三星堆眼形器的内涵》，朱亚蓉，《四川文物》2002年第1期，第53~56页。

308.《三星堆出土黄金制品探讨》，黄剑华，《西南交通大学学报（社会科学版）》2002年第1期，第17~22页。

309.《三星堆文化疑谜续见》，冯广宏，《成都文物》2002 年第 1 期，第 21~25 页。

310.《三星堆青铜器"酥粉锈"腐蚀机理的研究与探讨》，王煊，《四川文物》2002 年第 3 期，第 83~89 页

311.《关于重建四川古代史的几个问题》，[日] 西江清高著，徐天进译，载 [日] 西江清高主编：《扶桑与若木：日本学者对三星堆文明的新认识》，巴蜀书社 2002 年 4 月版，第 3~35 页。

312.《三星堆文化的谱系》，[日] 冈村秀典，载 [日] 西江清高主编：《扶桑与若木：日本学者对三星堆文明的新认识》，巴蜀书社 2002 年 4 月版，第 36~51 页。

313.《三星堆的青铜铸造技术》，[日] 三船温尚，载 [日] 西江清高主编：《扶桑与若木：日本学者对三星堆文明的新认识》，巴蜀书社 2002 年 4 月版，第 55~89 页。

314.《试论三星堆一、二号坑出土的璋》，[日] 林巳奈夫著，华国强译，载 [日] 西江清高主编：《扶桑与若木：日本学者对三星堆文明的新认识》，巴蜀书社 2002 年 4 月版，第 90~108 页。

315.《三星堆遗址出土的青铜器与饕餮纹》，[日] 饭岛武次著，韩国河译，载 [日] 西江清高主编：《扶桑与若木：日本学者对三星堆文明的新认识》，巴蜀书社 2002 年 4 月版，第 109~126 页。

316.《三星堆出土青铜器兽面纹的来源》，[日] 难波纯子著，韩国河译，载 [日] 西江清高主编：《扶桑与若木：日本学者对三星堆文明的新认识》，巴蜀书社 2002 年 4 月版，第 127~157 页。

317.《三星堆古城是杜宇之城》，[日] 古贺登，载 [日] 西

江清高主编：《扶桑与若木：日本学者对三星堆文明的新认识》，巴蜀书社 2002 年 4 月版，第 161~181 页。

318.《中国古代"神树传说"的源流——以四川广汉市三星堆遗址出土青铜"神树"为中心》，［日］徐朝龙著，［日］田尻圣子译，载［日］西江清高主编：《扶桑与若木：日本学者对三星堆文明的新认识》，巴蜀书社 2002 年 4 月版，第 205~228 页。

319.《从三星堆到金沙村——成都平原青铜文化研究札记》，李明斌，《四川文物》2002 年第 2 期，第 25~27 页。

320.《成都金沙商周遗址出土"玉眼形器"的初步研究》，高大伦，《四川文物》2002 年第 2 期，第 22~24 页。

321.《〈山海经〉中的巴蜀——〈山海经〉研谈札记之五》，郭发明，《成都文物》2002 年第 2 期，第 32~37 页。

322.《三星堆纵目与参目头像新考》，钱玉趾，《成都文物》2002 年第 2 期，第 12~17 页。

323.《一茅三脊在姬蜀——三星堆文明之神器探微》，庞永臣，《文史杂志》2002 年第 3 期，第 16~20 页。

324.《评三星堆文化研究中某些值得注意的倾向——兼说三星堆铜贝与吕底亚金属币》，肖燕，《文史杂志》2002 年第 4 期，第 28~32 页。

325.《三星堆发现的文化意义》，屈小强，《巴蜀史志》2002 年第 4 期，第 27~29 页。

326.《三星堆及金沙遗址文物考古与历史考古的三个难题》，胡定，《四川建筑》2002 年第 3 期，第 28 页。

327.《论三星堆文化与宝墩文化之关系》，陈显丹、刘家胜，

《四川文物》2002 年第 4 期，第 3~6 页。

328.《鱼凫·三星堆·氏》，冯广宏，《文史杂志》2002 年第 4 期，第 32~35 页。

329.《蜀文化大转移的政治意义》，李复华，《成都文物》2002 年第 3 期，第 13~17 页。

330.《三星堆遗址鱼凫说质疑》，冯广宏，《四川文物》2002 年第 5 期，第 33~36 页。

331.《三星堆考古发现与巴蜀文明进程探索》，赵殿增，载霍巍、王挺之主编：《长江上游早期文明的探索》，巴蜀书社 2002 年 10 月版，第 84~95 页。

332.《三星堆青铜纵目人面像是何方神圣》，周述椿，《文史杂志》2002 年第 5 期，第 29 页。

333.《三星堆青铜面具与眼睛巫术》，王政，《淮北煤炭师范学院学报（哲学社会科学版）》2002 年第 6 期，第 64~66 页。

334.《三星堆新论》，季元龙、吴红，《西南民族学院学报（哲学社会科学版）》2003 年第 1 期，第 66~71 页。

335.《试论三星堆宗教的内涵》，苏宁，《西南民族学院学报（哲学社会科学版）》2003 年第 1 期，第 72~77 页。

336.《论三星堆青铜雕塑的艺术个性》，蔡强，《深圳大学学报（人文社会科学版）》2003 年第 2 期，第 73~76 页。

337.《三星堆古文明神秘消失的环境演化研究》，傅顺、王成善，《成都理工大学学报（哲学社会科学版）》2003 年第 1 期，第 1~6 页。

338.《三星堆：华夏先祖祭祀中心（上）》，刘尚勇，《成都大学学报（社会科学版）》2003 年第 2 期，第 70~73 页。

339.《广汉三星堆遗址出土"铜'次'形器"研究》，胡昌钰、耿宗惠，《四川文物》2003 年第 2 期，第 26~28 页。

340.《三星堆神坛考》，樊一、吴维羲，《四川文物》2003 年第 2 期，第 29~38 页。

341.《三星堆玉石器再研究》，敖天照，《四川文物》2003 年第 2 期，第 39~45 页。

342.《三星堆文化来自羌夏文明的传播》，白剑，《阿坝师范高等专科学校学报》2003 年第 2 期，第 17~20 页。

343.《释"蜀"、"叟"：三星堆柱目人铜面像的解谜（上）》，周清泉，《成都大学学报（社会科学版）》2003 年第 2 期，第 65~69 页。

344.《三星堆：华夏先祖祭祀中心（上），刘尚勇，《成都大学学报（社会科学版）》2003 年第 2 期，第 70~73 页。

345.《三星堆：华夏先祖祭祀中心（下）》，刘尚勇，《成都大学学报（社会科学版）》2003 年第 3 期，第 52~55 页。

346.《三星堆文化的美学价值》，黄剑华，《巴蜀史志》2003 年第 4 期，第 29~31 页。

347.《三星堆与巴蜀文化区》，林向，《巴蜀史志》2003 年第 4 期，第 32~35 页。

348.《从汉中出土文物看商与巴蜀氐羌的关系》，王寿芝，《文博》2003 年第 4 期，第 3~6 页。

349.《早蜀文化遗物中的眼形及眼形器初探》，高大伦，《考古与文物》2003 年第 4 期，第 59~64、67 页。

350.《三星堆古文化、古城、古国遗址发现始末及其重大意义》，肖先进，载宋镇豪、肖先进主编：《夏商周文明研究 5 · 殷商文明暨纪念三星堆遗址发现七十周年国际学术研讨会论文集》，社会科学文献出版社 2003 年 8 月版，第 11~15 页。

351.《三星堆——中国文明多元论又一佐证》，李绍连，载宋镇豪、肖先进主编：《夏商周文明研究 5 · 殷商文明暨纪念三星堆遗址发现七十周年国际学术研讨会论文集》，社会科学文献出版社 2003 年 8 月版，第 16~21 页。

352.《"三星堆文明与巴蜀文化"三题》，谭继和，载宋镇豪、肖先进主编：《夏商周文明研究 5 · 殷商文明暨纪念三星堆遗址发现七十周年国际学术研讨会论文集》，社会科学文献出版社 2003 年 8 月版，第 47~49 页。

353.《三星堆青铜器的原料和巴族》，［日］成家彻郎著，胡明明、徐天进译，载宋镇豪、肖先进主编：《夏商周文明研究 5 · 《殷商文明暨纪念三星堆遗址发现七十周年国际学术研讨会论文集》，社会科学文献出版社 2003 年 8 月版，第 50~60 页。

354.《古蜀王国的巫——三星堆出土的青铜立人像与跪坐人像研究》，张肖马，载宋镇豪、肖先进主编：《夏商周文明研究 5 · 殷商文明暨纪念三星堆遗址发现七十周年国际学术研讨会论文集》，社会科学文献出版社 2003 年 8 月版，第 65~70 页。

355.《中国商周时期青铜人像造型艺术研究》，范小平，载宋镇豪、肖先进主编：《夏商周文明研究 5 · 殷商文明暨纪念三星堆遗址发现七十周年国际学术研讨会论文集》，社会科学文献出版社 2003 年 8 月版，第 71~76 页。

356.《眼形器、纵目面具与太阳神崇拜》，刘章泽，载宋镇豪、肖先进主编：《夏商周文明研究 5·殷商文明暨纪念三星堆遗址发现七十周年国际学术研讨会论文集》，社会科学文献出版社 2003 年 8 月版，第 77~79 页。

357.《三星堆神树及其演变与发展》，赵明，载宋镇豪、肖先进主编：《夏商周文明研究 5·殷商文明暨纪念三星堆遗址发现七十周年国际学术研讨会论文集》，社会科学文献出版社 2003 年 8 月版，第 86~89 页。

358.《试论古蜀人的神性思维与"中央意识"》，吴维羲，载宋镇豪、肖先进主编：《夏商周文明研究 5·殷商文明暨纪念三星堆遗址发现七十周年国际学术研讨会论文集》，社会科学文献出版社 2003 年 8 月版，第 95~105 页。

359.《从三星堆文化看古蜀地与中原的关系》，郑光，载宋镇豪、肖先进主编：《夏商周文明研究 5·殷商文明暨纪念三星堆遗址发现七十周年国际学术研讨会论文集》，社会科学文献出版社 2003 年 8 月版，第 110~115 页。

360.《关于二里头文化与三星堆文化的几个问题》，方燕明，载宋镇豪、肖先进主编：《夏商周文明研究 5·殷商文明暨纪念三星堆遗址发现七十周年国际学术研讨会论文集》，社会科学文献出版社 2003 年 8 月版，第 116~120 页。

361.《三星堆与二里头铜牌饰研究》，赵殿增，载宋镇豪、肖先进主编：《夏商周文明研究 5·殷商文明暨纪念三星堆遗址发现七十周年国际学术研讨会论文集》，社会科学文献出版社 2003 年 8 月版，第 121~128 页。

362.《蜀与夏商的交往》，张永山，载宋镇豪、肖先进主编：《夏商周文明研究 5·殷商文明暨纪念三星堆遗址发现七十周年国际学术研讨会论文集》，社会科学文献出版社 2003 年 8 月版，第 129~135 页。

363.《三星堆文化与中原夏商文化的关系》，曹玮、秦小丽，载宋镇豪、肖先进主编：《夏商周文明研究 5·殷商文明暨纪念三星堆遗址发现七十周年国际学术研讨会论文集》，社会科学文献出版社 2003 年 8 月版，第 136~138 页。

364.《三星堆遗址与殷商文明》，秦文生，载宋镇豪、肖先进主编：《夏商周文明研究 5·殷商文明暨纪念三星堆遗址发现七十周年国际学术研讨会论文集》，社会科学文献出版社 2003 年 8 月版，第 139~142 页。

365.《吴城与三星堆》，李昆、黄水根，载宋镇豪、肖先进主编：《夏商周文明研究 5·殷商文明暨纪念三星堆遗址发现七十周年国际学术研讨会论文集》，社会科学文献出版社 2003 年 8 月版，第 143~147 页。

366.《地方型瓿的发达与三星堆出土的早期青铜器》，［日］难波纯子，载宋镇豪、肖先进主编：《夏商周文明研究 5·殷商文明暨纪念三星堆遗址发现七十周年国际学术研讨会论文集》，社会科学文献出版社 2003 年 8 月版，第 148~157 页。

367.《四川古文化序列概述》，赵殿增，《中华文化论坛》2003 年第 2 期，第 37~41 页。

368.《1982-2001 年考古出土秦汉时期玉器统计表》，郝明勤等，《四川文物》2003 年第 2 期，第 91~96 页。

369.《三星堆与巴蜀文化研究七十年》，段渝，《中华文化论坛》2003 年第 3 期，第 11~35 页。

370.《殷商文明暨纪念三星堆遗址发现七十周年国际学术研讨会纪要》，大会秘书组，载宋镇豪、肖先进主编：《夏商周文明研究 5·殷商文明暨纪念三星堆遗址发现七十周年国际学术研讨会论文集》，社会科学文献出版社 2003 年 8 月版，第 356~360 页。

371.《略论广汉三星堆遗址一期文化及相关问题》，宋治民，载宋镇豪、肖先进主编：《夏商周文明研究 5·殷商文明暨纪念三星堆遗址发现七十周年国际学术研讨会论文集》，社会科学文献出版社 2003 年 8 月版，第 27~36 页。

372.《三星堆柱目人铜面像解密（下）》，周清泉，《成都大学学报（社会科学版）》2003 年第 3 期，第 46~51 页。

373.《三星堆：华夏先祖祭祀中心（下）》，刘尚勇，《成都大学学报（社会科学版）》2003 年第 3 期，第 52~55 页。

374.《三星堆遗址的新认识》，［德］罗泰，载［德］罗泰主编：《奇异的凸目——西方学者看三星堆》，巴蜀书社 2003 年 9 月版，第 3~80 页。

375.《四川广汉市三星堆的商代祭祀坑》，贝格莱，载［德］罗泰主编：《奇异的凸目——西方学者看三星堆》，巴蜀书社 2003 年 9 月版，第 81~94 页。

376.《四川境内的一座商代城址》，贝格莱，载［德］罗泰主编：《奇异的凸目——西方学者看三星堆》，巴蜀书社 2003 年 9 月版，第 95~110 页。

377.《三星堆——中国西南一处新的青铜时代遗址》，葛严、林嘉琳，载［德］罗泰主编：《奇异的凸目——西方学者看三星堆》，巴蜀书社 2003 年 9 月版，第 111~122 页。

378.《对广汉埋葬坑青铜器及其他器物意义的初步认识》，巴纳，载［德］罗泰主编：《奇异的凸目——西方学者看三星堆》，巴蜀书社 2003 年 9 月版，第 155~217 页。

379.《三星堆祭祀坑之谜》，罗森，载［德］罗泰主编：《奇异的凸目——西方学者看三星堆》，巴蜀书社 2003 年 9 月版，第 257~289 页。

380.《一切都牵涉到眼睛——三星堆文化的两组雕塑》，巫鸿，载［德］罗泰主编：《奇异的凸目——西方学者看三星堆》，巴蜀书社 2003 年 9 月版，第 290~305 页。

381.《四川广汉三星堆祭祀坑》，杜朴，载［德］罗泰主编：《奇异的凸目——西方学者看三星堆》，巴蜀书社 2003 年 9 月版，第 306~320 页。

382.《试析三星堆遗址》，李维明，《四川文物》2003 年第 5 期，第 21~26 页。

383.《三星堆方国的巫——青铜立人像与跪坐人像研究》，张肖马，《四川文物》2003 年第 5 期，第 27~32 页。

384.《对三星堆文明的历史思考》，刘尚勇，《文史杂志》2003 年第 6 期，第 50~52 页。

385.《从青铜器看三星堆的"巫"与印上的"礼"》，陈淳，《中国文物报》2004 年 2 月 13 日第 7 版。

386.《三星堆古玉与三星堆祭祀活动》，赵殿增，载赵殿

增：《三星堆考古研究》，四川人民出版社 2004 年 2 月版，第
328~343 页。

387.《三星堆金杖"鱼鸟图"——华夏古老神奇的"鲲鹏之
变"》，白剑，《阿坝师范高等专科学校学报》2004 年第 2 期，第
16~18 页。

388.《三星堆青铜器巫觋因素解析》，韩佳瑶、陈淳，《文物
世界》2004 年第 3 期，第 19~25 页。

389.《三星堆出土青铜尊罍的艺术风格和文化含义》，孙岩，
《四川文物》2004 年第 3 期，第 22~29 页。

390.《论三星堆古蜀文化的开放性特征》，谭晓钟，《文史杂
志》2004 年第 3 期，第 18~22 页。

391.《蜀与殷商关系刍论——从甲骨文记载谈起》，郭胜
强，《郑州大学学报（哲学社会科学版）》2004 年第 4 期，第
87~89 页。

392.《圣山：成都的神话溯源——〈山海经〉与神话研究之
二》，贾雯鹤，《四川大学学报（哲学社会科学学报）》2004 年第
4 期，第 132~138 页。

393.《三星堆青铜立人冠式的解读与复原——兼说古蜀人的
眼睛崇拜》，王仁湘，《四川文物》2004 年第 4 期，第 13~16 页。

394.《骑虎铜人像与玉琮线刻人像——兼谈三星堆、金沙与
良渚文化的关系》，赵殿增，《成都文物》2004 年第 3 期，第 1~5
页；又刊《中华文化论坛》2006 年第 3 期，第 11~15 页。

395.《金沙遗址出土象牙的由来》，黄剑华，《成都理工大学
学报（社会科学版）》2004 年第 3 期，第 11~17 页。

396.《三星堆青铜直目人面像的历史文化意义研究》,黄永林,《武汉大学学报(哲学社会科学版)》2004 年第 5 期,第 715~720 页。

397.《三星堆遗址出土石璧的祭祀功能和音乐声学特征(上)》,幸晓峰,《中华文化论坛》2004 年第 4 期,第 7~13 页。

398.《三星堆二号坑 296 号青铜神坛复原研究》,王仁湘,载南京师范大学文博系编:《东亚古物》A 卷,文物出版社 2004 年 12 月版。

399.《华西协和大学古物博物馆的石器》,[美]葛维汉著,秦学圣译,载李绍明、周蜀蓉选编:《葛维汉民族学考古学论著》,巴蜀书社 2004 年 5 月版,第 199~205 页。

400.《四川省的一种新石器时代晚期的文化》,[美]葛维汉著,秦学圣译,载李绍明、周蜀蓉选编:《葛维汉民族学考古学论著》,巴蜀书社 2004 年 5 月版,第 206~208 页。

401.《中国石器琐记》,[美]葛维汉著,秦学圣译,载李绍明、周蜀蓉选编:《葛维汉民族学考古学论著》,巴蜀书社 2004 年 5 月版,第 209~211 页。

402.《"三星堆与长江文明国际学术研讨会"上的新观点与主要成果》,段渝,《中华文化论坛》2004 年第 1 期,第 23~25 页。

403.《巴蜀文化研究的期待——〈三星堆与长江文明〉前言》,李学勤,《中华文化论坛》2004 年第 4 期,第 5~6 页。

404.《四川考古的世纪回顾与展望》,赵殿增,《考古》2004 年第 10 期,第 3~13 页。

405.《殷墟玉石人俑与三星堆青铜人像服饰的比较研究》,朱彦民，《四川文物》2004 年第 1 期，第 38~41 页。

406.《三星堆祭祀坑出土金器的成分分析》，曾中懋，载中国文物研究所编：《文物科技研究》第 2 辑，科学出版社 2004 年 12 月版，第 178~183 页。

407.《三星堆出土一号青铜神树的修复》，杨晓邬，《四川文物》2004 年第 4 期，第 86~96 页。

408.《三星堆遗址环境地质现状评估及问题防治》，张跃辉等，《四川文物》2005 年第 1 期，第 21~28 页。

409.《航测图上的三星堆考古线索》，冯广宏，《成都文物》2005 年第 1 期，第 13~17 页。

410.《三星堆文明消失原因的古环境因素探讨》，付顺等，《地质科技情报》2005 年第 3 期，第 43~47 页。

411.《三星堆青铜立人像的加固修复工艺》，杨晓邬，载《青铜文化研究》编辑部编：《青铜文化研究》第 4 辑，黄山书社 2005 年 10 月版，第 132~136 页。

412.《三星堆文化研究概述》，载四川省地方志编纂委员会编：《三星堆图志》，四川人民出版社 2005 年 8 月版，第 252~255 页。

413.《三星堆国际学术讨论会综述》，杨荣新，载四川省地方志编纂委员会编：《三星堆图志》，四川人民出版社 2005 年 8 月版，第 292~294 页。

414.《论"三星堆－金沙文化"及其与先秦蜀国的关系》，徐学书，载何力编：《考古学民族学的探索与实践》，四川大学出版社 2005 年 1 月版，第 17~26 页。

415.《鲧、禹神话与三星堆遗址》，肖先进、邱登成，《中华文化论坛》2005 年第 2 期，第 5~11 页。

416.《考古揭示蜀人三源说》，冯广宏，《阿坝师范高等专科学校学报》2005 年第 3 期，第 1~4 页。

417.《略论古蜀文明的形态特征》，赵殿增，《中华文化论坛》2005 年第 4 期，第 26~31 页。

418.《三星堆出土青铜大型面具口部造型探析》，[韩]金秉骏，《四川文物》2005 年第 1 期，第 29~33 页。

419.《三星堆文化的形成与夏人西迁》，向桃初，《江汉考古》2005 年第 1 期，第 60~67 页。

420.《三星堆器物坑不是祭祀坑》，白剑，《阿坝师范高等专科学校学报》2005 年第 1 期，第 12~14 页。

421.《三星堆文明与古地理环境》，刘兴诗，《成都理工大学学报（社会科学版）》2005 年第 1 期，第 1~6 页。

422.《说甲骨文中的蜀国地望》，杜勇，《殷都学刊》2005 年第 1 期，第 10~12、51 页。

423.《三星堆出土青铜器管见（上）》，[日]伊藤道治著，常耀华译，《殷都学刊》2005 年第 1 期，第 13~22 页。

424.《茂县牟托村"翼龙"与三星堆龙之比较——兼论三星堆文化向北传播的途径》，于春，《考古与文物》2005 年第 2 期，第 52~56 页。

425.《三星堆神树与岷江上游羌族释比神树的比较》，赵洋，《中华文化论坛》2005 年第 2 期，第 12~14 页。

426.《三星堆遗址出土石璧的祭祀功能和音乐声学特征（下）》，幸晓峰，《中华文化论坛》2005 年第 2 期，第 15~20 页。

427.《从三星堆、金沙出土金器探索早期蜀文化》，魏崴，《文史杂志》2005 年第 2 期，第 56~59 页。

428.《试解三星堆青铜立人环管状手之谜》，彭元江，《文史杂志》2005 年第 5 期，第 58~60 页。

429.《释蜀》，阿波，《文史杂志》2005 年第 6 期，第 36~38 页。

430.《三星堆出土青铜器管见（下）》，［日］伊藤道治著，常耀华、王平译，王震中校，《殷都学刊》2005 年第 2 期，第 18~29 页。

431.《试论三星堆玉璋图案的意义》，陈宗祥，《西南民族大学学报（人文社科版）》2005 年第 3 期，第 154~161 页。

432.《太阳崇拜与异形眼睛——从广汉三星堆青铜器发掘说起》，张福三，《民族艺术研究》2005 年第 4 期，第 38~46 页。

433.《三星堆遗址仁胜村土坑墓的思考》，宋治民，《四川文物》2005 年第 4 期，第 40~43、56 页。

434.《三星堆文物富于的世界性特征及其意义》，段渝，载四川省地方志编纂委员会编：《三星堆图志》，四川人民出版社 2005 年 8 月版，第 256~257 页。

435.《三星堆文化在我国文化总谱系中的位置》，俞伟超，载四川省地方志编纂委员会编：《三星堆图志》，四川人民出版社 2005 年 8 月版，第 258~259 页。

436.《三星堆与巴蜀文化区》，林向，载四川省地方志编纂委员会编：《三星堆图志》，四川人民出版社 2005 年 8 月版，第 260~262 页。

437.《三星堆发现的文化意义》，屈小强，载四川省地方志编纂委员会编：《三星堆图志》，四川人民出版社 2005 年 8 月版，第 263~264 页。

438.《三星堆考古发现的重要价值》，谭继和，载四川省地方志编纂委员会编：《三星堆图志》，四川人民出版社 2005 年 8 月版，第 265~268 页。

439.《三星堆文化与种族民族》，李绍明，载四川省地方志编纂委员会编：《三星堆图志》，四川人民出版社 2005 年 8 月版，第 269~271 页。

440.《三星堆文化信仰崇拜探析》，赵殿增，载四川省地方志编纂委员会编：《三星堆图志》，四川人民出版社 2005 年 8 月版，第 272~274 页。

441.《三星堆文化的美学价值》，黄剑华，载四川省地方志编纂委员会编：《三星堆图志》，四川人民出版社 2005 年 8 月版，第 275~276 页。

442.《三星堆出土青铜雕像与铜器研究》，彭邦本，载四川省地方志编纂委员会编：《三星堆图志》，四川人民出版社 2005 年 8 月版，第 277~280 页。

443.《三星堆出土玉（石）器研究》，赵殿增，载四川省地方志编纂委员会编：《三星堆图志》，四川人民出版社 2005 年 8 月版，第 281~283 页。

444.《三星堆出土金器研究》，邱登成，载四川省地方志编纂委员会编：《三星堆图志》，四川人民出版社 2005 年 8 月版，第 284~285 页。

445.《三星堆海贝来源初探》，敖天照，载四川省地方志编纂委员会编：《三星堆图志》，四川人民出版社 2005 年 8 月版，第 286~287 页。

446.《三星堆服饰文化研究》，黄剑华，载四川省地方志编纂委员会编：《三星堆图志》，四川人民出版社 2005 年 8 月版，第 288~291 页。

447.《三星堆二号坑铜鸡杂考》，冯广宏，《成都文物》2005 年第 3 期，第 1~4 页。

448.《三星堆出土青铜高台立人像观瞻小记》，王仁湘，《中华文化论坛》2005 年第 4 期，第 32~34 页。

449.《神话、原型与三星堆面具》，苏宁，《天府新论》2005 年第 6 期，第 114~119、126 页。

450.《三星堆、金沙一类"奇异"玉器构图来源、内涵、定名及相关问题研究》，顾问，载北京大学中国考古学研究中心、北京大学震旦古代文明研究中心编：《古代文明》第 4 卷，文物出版社 2005 年 11 月版，第 37~63 页。

451.《三星堆五鸟铜牌考》，冯广宏，《文史杂志》2005 年第 6 期，第 32~35 页。

452.《三星堆青铜树象征性研究》，陈淳、殷敏，《四川文物》2005 年第 6 期，第 38~44 页。

453.《良渚文化的余晖在三星堆文化中闪烁》，程世华，《中华文化论坛》2006 年第 1 期，第 12~23 页。

454.《三星堆众鸟造型考》，冯广宏，《文史杂志》2006 年第 1 期，第 16~21 页。

455.《试论三星堆神仙体系》,苏宁,《宗教学研究》2006 年第 1 期,第 210~216 页。

456.《长江上游文明进程略论——以成都平原先秦文化为中心》,张耀辉,《中华文化论坛》2006 年第 1 期,第 5~11 页。

457.《三星闪烁——"三星堆青铜文化"与古代巴蜀》,霍巍,载霍巍:《西南天地间——中国西南的考古、民族与文化》,香港城市大学出版社 2006 年 1 月版,第 1~30 页。

458.《从三星堆文化看古代文明的本质特征》,段渝,《社会科学研究》2006 年第 1 期,第 162~169 页。

459.《论古蜀人的太阳崇拜和历法》,刘道军,《绵阳师范学院学报》2006 年第 1 期,第 67~71 页。

460.《三星堆—金沙遗址出土的"金手杖""金四鸟绕日饰"以及相关造型图案研究——兼谈商周文化与古蜀文化的交流》,卢丁,《长江流域文化研究所年报》第 4 号,早稻田大学长江流域文化研究所 2006 年 2 月版,第 116~132 页。

461.《三星堆成组玉石璧音乐声学性能初识》,幸晓峰,《中国文物报》2006 年 3 月 10 日第 7 版。

462.《三星堆青铜人物塑造中眼睛造型探析》,肖颖喆、朱和平,《美与时代》2006 年第 3 期,第 53~55 页。

463.《甲骨文中的巴与蜀》,〔日〕成家彻郎著,朱凤瀚译,载段渝主编:《巴蜀文化研究》第 3 辑,巴蜀书社 2006 年 5 月版,第 129~165 页。

464.《彝族祖先与三星堆先民的关系》,钱玉趾,《毕节学院学报(综合版)》2006 年第 5 期,第 15~18 页。

465.《成都古蜀国王陵探秘》，陈玮，《寻根》2006年第5期，第129~135页。

466.《三星堆、金沙、盐亭遗址出土玉石璧音乐声学性能的初步研究》，幸晓峰、王其书，《音乐探索（四川音乐学院学报）》2006年第3期，第39~46页。

467.《太阳神树、太阳崇拜与太阳历法》，刘道军，《成都理工大学学报（社会科学版）》2006年第2期，第102~107页。

468.《三星堆青铜神树与金沙太阳神鸟之比较研究》，刘道军，《康定民族师范高等专科学校学报》2006年第3期，第59~64页。

469.《从"太阳神鸟"看金沙文化对三星堆文化的继承与发展》，刘道军，《长江论坛》2006年第3期，第81~86页。

470.《三星堆考古发现记》，黄剑华，载浙江省博物馆编：《东方博物》第19辑，浙江大学出版社2006年6月版，第73~76页。

471.《蜀文化研究之反思——为纪念三星堆祭祀坑发现二十周年而作》，宋治民，《四川文物》2006年第4期，第40~60页。

472.《广汉高骈出土商代玉器的补正》，敖天照，载三星堆研究院、三星堆博物馆编：《三星堆研究》第1辑《田野资料》，天地出版社2006年7月版，第127~131页。

473.《四川广汉月亮湾出土玉石器探析》，许杰，《四川文物》2006年第5期，第51~57页。

474.《古蜀三星堆人跨越青铜之巅》，萧易，《四川党的建设（城市版）》2006年第8期，第57~58页。

475.《形神一统美质合一——试论三星堆大青铜立像的政治、

宗教寓意与艺术的完美融合》，郑晓东，《美术大观》2006 年第 9 期，第 72~73 页。

476.《古蜀秘宝——三星堆博物馆馆藏珍品》，朱亚蓉、江聪，《中国文化遗产》2006 年第 5 期，第 84~90、7 页。

477.《从三星堆青铜神树到金沙太阳神鸟》，刘道军，《重庆师范大学学报（哲学社会科学版）》2006 年第 5 期，第 81~86 页。

478.《三星堆—金沙商周礼乐文明研究——祭祀礼仪》，幸晓峰，《中华文化论坛》2006 年第 4 期，第 19~22 页。

479.《论三星堆文化造型艺术中的人鸟组合图式》，李社教，《华中师范大学学报（人文社会科学版）》2006 年第 6 期，第 106~111 页。

480.《三星堆出土的乐器》，娟子，《文史杂志》2006 年第 6 期，第 33~34 页。

481.《三星堆二号坑青铜神树研究》，张肖马，《四川文物》2006 年第 6 期，第 24~29 页。

482.《三星堆系青铜容器产地问题》，江章华，《四川文物》2006 年第 6 期，第 30~36 页。

483.《三星堆青铜神树的象征意义》，刘道军、刘红，《文物春秋》2006 年第 6 期，第 21~24 页。

484.《三星堆美术概论》，周颖，《太原大学教育学院学报》2006 年第 4 期，第 84~86 页。

485.《金沙遗址出土青铜器的初步研究》，王方，《四川文物》2006 年第 6 期，第 51~57 页。

486.《三星堆与长江西陵峡以西地区青铜时代文化类型研

究》，范小平，载黎小龙主编：《巴蜀文化暨三峡考古学术研讨会文集》，西南师范大学出版社 2006 年 12 月版，第 140~149 页。

487.《三星堆铜蛇与〈山海经〉》，刘弘，载黎小龙主编：《巴蜀文化暨三峡考古学术研讨会文集》，西南师范大学出版社 2006 年 12 月版，第 160~167 页。

488.《从商周乐器的出土情况看其与祭祀活动之关系》，方建军，《中央音乐学院学报》2006 年第 3 期，第 56~64、90 页。

489.《从酋邦理论谈到古蜀国家的建立》，沈长云，《中华文化论坛》2006 年第 4 期，第 5~10 页。

490.《从考古发现看四川与越南古代文化交流》，雷雨，《四川文物》2006 年第 6 期，第 17~23 页。

491.《先秦巴蜀与南丝路研究述略》，邹一清，《中华文化论坛》2006 年第 4 期，第 11~18 页。

492.《西南考古的现状与问题——带〈南方文物〉"西南考古"专栏主持辞》，孙华，《南方文物》2006 年第 3 期，第 75~85 页。

493.《三星堆遗址祭祀坑出土文物的修复》，杨晓邬，《四川文物》2006 年第 3 期，第 90~91 页。

494.《三星堆成组铜铃音乐声学性能的初步探讨》，幸晓峰、王其书，《中国音乐学》2006 年第 4 期，第 19~24 页。

495.《三星堆及金沙出土古象牙的物相及其结晶特征》，樊华等，《硅酸盐学报》2006 年第 6 期，第 744~748 页。

496.《三星堆文化研究的回顾与展望》，段渝，《中国史研究动态》2007 年第 1 期，第 11~19 页。

497.《2006 年四川省文物考古研究院考古调查勘探试掘取得

新成果》，四川省文物考古研究院，《四川文物》2007 年第 1 期，第 15~23 页。

498.《三星堆出土玉石器研究综述》，陈显丹，《四川文物》2007 年第 2 期，第 59~63 页。

499.《"三星堆与南方丝绸之路青铜文化学术研讨会"综述》，邱登成、杨滗新，《中国文物报》2007 年 5 月 25 日第 7 版；又刊《四川文物》2007 年第 5 期，第 94~96 页。

500.《四川盆地出土玉器概况》，江章华等，载杨伯达主编：《中国玉文化玉学论丛四编》，紫禁城出版社 2007 年 6 月版，第 335~352 页。

501.《早期蜀文化和汉水上游地区青铜文化的关系》，宋治民，《南方文物》2007 年第 3 期，第 47~53、77 页。

502.《巴蜀文化在西南地区的辐射与影响》，刘弘，《中华文化论坛》2007 年第 4 期，第 19~35 页。

503.《三星堆古蜀文明与南方丝绸之路》，段渝，载肖先进主编：《三星堆研究》第 2 辑《三星堆与南方丝绸之路青铜文化研讨会论文集》，文物出版社 2007 年 10 月版，第 35~50 页

504.《三星堆与南方丝绸之路青铜文化研讨会论文集》，文物出版社 2007 年 10 月版，第 96~105 页。

505.《关于商代青铜面具的几个问题》，黄尚明、笪浩波，《江汉考古》2007 年第 4 期，第 47~52 页。

506.《古蜀文明与周边各文明的关系》，陈德安，《中华文化论坛》2007 年第 4 期，第 11~18 页。

507.《古蜀考古发现与古史传说的拟合》，冯广宏，《西华大

学学报（哲学社会科学版）》2007年第6期，第18~21、29页。

508.《三星堆、金沙与古蜀文明》，雷雨，香港文化博物馆编制：《三星闪烁 金沙流采——神秘的古蜀文明》，（香港）康乐及文化事务署，2007年，第22~31页。

509.《三星堆、金沙出土金器的初步研究》，朱章义，香港文化博物馆编制：《三星闪烁 金沙流采——神秘的古蜀文明》，（香港）康乐及文化事务署，2007年，第32~39页。

510.《中越牙璋竖向刻纹辨识》，邓聪，载香港文化博物馆编制：《三星闪烁 金沙流采——神秘的古蜀文明》，（香港）康乐及文化事务署2007年版，第40~55页。

511.《多元互动：四川古蜀文化和珠江三角洲古越文化融入中华文化的过程》，邹兴华，载香港文化博物馆编制：《三星闪烁 金沙流采——神秘的古蜀文明》，（香港）康乐及文化事务署2007年版，第56~73页。

512.《三星堆文化与美学研究》，李社教，《湖北师范学院学报（哲学社会科学版）》2007年第1期，第31~35页。

513.《三星堆青铜头像和石家河玉面人像——从三星堆青铜头像看三星堆文化的来源》，裘士京、陈震，《成都大学学报（社会科学版）》2011年第1期，第41~43页。

514.《三星堆的大石璧》，娟子，《文史杂志》2007年第1期，第15、24页。

515.《先秦时期蜀人为何崇拜象牙》，刘道军，《中华文化论坛》2007年第1期，第12~14页。

516.《三星堆青铜雕塑之永恒美》，杜冬梅，《安徽文学（下半月）》2007 年的 1 期，第 41~42 页。

517.《古蜀人为何崇拜蟾蜍》，刘道军，《内蒙古社会科学（汉文版）》2007 年第 2 期，第 105~108 页。

518.《商代蜀地的青铜与金玉艺术——视觉分析的考量途径》，黄翠梅、李建维，《四川文物》2007 年第 2 期，第 47~58 页。

519.《"蜀""蚕丛""青铜立人"新释》，黄晓斧，《中华文化论坛》2007 年第 2 期，第 141~143 页。

520.《三星堆文化的太阳神崇拜——从古蜀金器"人头、鸟、鱼和羽箭"母题图案谈起》，蔡运章，《中华文化论坛》2007 年第 2 期，第 16~26 页。

521.《道器互补 文质合———从艺术设计角度透析三星堆青铜大立人像》，于宵，《艺术教育》2007 年第 4 期，第 22~23 页。

522.《太阳崇拜与三星堆文化的造型艺术》，李社教，《黄石理工学院学报》2007 年第 2 期，第 1~5 页。

523.《三星堆遗址 Ca 型青铜头像是祭祖头像》，钱玉趾，《文史杂志》2007 年第 3 期，第 23~24 页。

524.《三星堆金杖和金沙金带的疑惑与新释》，钱玉趾、沙马拉毅，《成都文物》2007 年第 2 期，第 1~9 页。

525.《杜宇郫邑、杜鹃城及其他》，薛登，《成都文物》2007 年第 2 期，第 48~51 页。

526.《鱼凫时代是古蜀社会转型期》，冯广宏，《西华大学学报（哲学社会科学版）》2007 年第 4 期，第 58~64 页。

527.《论繁蜀巢与西周早期的南方经营》，李学勤，载肖先进主编：《三星堆研究》第 2 辑《三星堆与南方丝绸之路青铜文化研讨会论文集》，文物出版社 2007 年 10 月版，第 1~3 页。

528.《神奇、神秘、神妙的巴蜀文化（中篇）》，谭继和，《四川党的建设（城市版）》2007 年第 8 期，第 53 页。

529.《从三星堆、金沙遗址所想到的不同"历史记忆"》，石青清，《湘潮（下半月）（理论）》2007 年第 10 期，第 60~62 页。

530.《再论三星堆器物坑的年代和性质》，孙华，载西安半坡博物馆、三星堆博物馆编：《史前研究（2006）——中国博物馆学会史前遗址博物馆专业委员会第六届学术研讨会暨三星堆祭祀坑发现二十周年纪念文集》，陕西师范大学出版社 2007 年 10 月版，第 384~397 页。

531.《对三星堆祭祀坑出土的铜"兽首冠人像"等器物的研究》，胡昌钰、孙亚樵，载西安半坡博物馆、三星堆博物馆编：《史前研究（2006）——中国博物馆学会史前遗址博物馆专业委员会第六届学术研讨会暨三星堆祭祀坑发现二十周年纪念文集》，陕西师范大学出版社 2007 年 10 月版，第 398~405 页。

532.《三星堆文化玉石器综论》，何崝，载西安半坡博物馆、三星堆博物馆编：《史前研究（2006）——中国博物馆学会史前遗址博物馆专业委员会第六届学术研讨会暨三星堆祭祀坑发现二十周年纪念文集》，陕西师范大学出版社 2007 年 10 月版，第 406~422 页。

533.《三星堆二号坑反映出的宗教观念》，张肖马，《成都文物》2007 年第 2 期，第 10~16 页。

534.《"三星堆学"刍议》，赵殿增，载西安半坡博物馆、三星堆博物馆编：《史前研究（2006）——中国博物馆学会史前遗址博物馆专业委员会第六届学术研讨会暨三星堆祭祀坑发现二十周年纪念文集》，陕西师范大学出版社 2007 年 10 月版，第 440~444 页。

535.《三星堆青铜人像雕塑艺术研究》，范小平，载西安半坡博物馆、三星堆博物馆编：《史前研究（2006）——中国博物馆学会史前遗址博物馆专业委员会第六届学术研讨会暨三星堆祭祀坑发现二十周年纪念文集》，陕西师范大学出版社 2007 年 10 月版，第 445~455 页。

536.《从青铜器图形符号看三星堆文化对晚期巴蜀文化的影响》，杨剑、刘明芬，载西安半坡博物馆、三星堆博物馆编：《史前研究（2006）——中国博物馆学会史前遗址博物馆专业委员会第六届学术研讨会暨三星堆祭祀坑发现二十周年纪念文集》，陕西师范大学出版社 2007 年 10 月版，第 459~465 页。

537.《三星堆遗址出土的一件石刻作品及相关问题》，王方，载西安半坡博物馆、三星堆博物馆编：《史前研究（2006）——中国博物馆学会史前遗址博物馆专业委员会第六届学术研讨会暨三星堆祭祀坑发现二十周年纪念文集》，陕西师范大学出版社 2007 年 10 月版，第 483~486 页。

538.《三星堆出土青铜面具考》，何英德，载西安半坡博物馆、三星堆博物馆编：《史前研究（2006）——中国博物馆学会史前遗址博物馆专业委员会第六届学术研讨会暨三星堆祭祀坑发现二十周年纪念文集》，陕西师范大学出版社 2007 年 10 月版，第 487~492 页。

539.《三星堆祭祀坑发现的重要意义》，陈德安，载西安半坡博物馆、三星堆博物馆编：《史前研究（2006）——中国博物馆学会史前遗址博物馆专业委员会第六届学术研讨会暨三星堆祭祀坑发现二十周年纪念文集》，陕西师范大学出版社 2007 年 10 月版，第 501~502 页。

540.《殷商王朝与古蜀国的祭祀习俗比较》，杨善清，载西安半坡博物馆、三星堆博物馆编：《史前研究（2006）——中国博物馆学会史前遗址博物馆专业委员会第六届学术研讨会暨三星堆祭祀坑发现二十周年纪念文集》，陕西师范大学出版社 2007 年 10 月版，第 518~535 页。

541.《商与蜀先民的太阳神崇拜》，杜久明，载西安半坡博物馆、三星堆博物馆编：《史前研究（2006）——中国博物馆学会史前遗址博物馆专业委员会第六届学术研讨会暨三星堆祭祀坑发现二十周年纪念文集》，陕西师范大学出版社 2007 年 10 月版，第 536~539 页。

542.《三星堆青铜大立人像鉴赏》，崔云凤，载西安半坡博物馆、三星堆博物馆编：《史前研究（2006）——中国博物馆学会史前遗址博物馆专业委员会第六届学术研讨会暨三星堆祭祀坑发现二十周年纪念文集》，陕西师范大学出版社 2007 年 10 月版，第 540~546 页。

543.《古蜀象牙祭祀考》，段渝，《中华文化论坛》2007 年第 1 期，第 8~11 页。

544.《早蜀文明的虎崇拜》，周志清，载西安半坡博物馆、三星堆博物馆编：《史前研究（2006）——中国博物馆学会史前遗址博物馆专业委员会第六届学术研讨会暨三星堆祭祀坑发现二十周年纪念文集》，陕西师范大学出版社 2007 年 10 月版，第 579~585 页。

545.《商、蜀先民贝随葬与贝祭祀习俗》，杨艳梅，载西安半坡博物馆、三星堆博物馆编：《史前研究（2006）——中国博物馆学会史前遗址博物馆专业委员会第六届学术研讨会暨三星堆祭祀坑发现二十周年纪念文集》，陕西师范大学出版社 2007 年 10 月版，第 586~589 页。

546.《三星堆出土青铜雕像与面具研究》，黄剑华，载西安半坡博物馆、三星堆博物馆编：《史前研究（2006）——中国博物馆学会史前遗址博物馆专业委员会第六届学术研讨会暨三星堆祭祀坑发现二十周年纪念文集》，陕西师范大学出版社 2007 年 10 月版，第 590~606 页。

547.《四川彭县商周时期遗址与三星堆遗址关系初探》，李明斌，载西安半坡博物馆、三星堆博物馆编：《史前研究（2006）——中国博物馆学会史前遗址博物馆专业委员会第六届学术研讨会暨三星堆祭祀坑发现二十周年纪念文集》，陕西师范大学出版社 2007 年 10 月版，第 607~611 页。

548.《对三星堆遗址考古工作再深入的一点思考》，叶茂林，载西安半坡博物馆、三星堆博物馆编：《史前研究（2006）——中国博物馆学会史前遗址博物馆专业委员会第六届学术研讨会暨三星堆祭祀坑发现二十周年纪念文集》，陕西师范大学出版社 2007 年 10 月版，第 612~618 页。

549.《三星堆铜鸡考》，张耀辉，载西安半坡博物馆、三星堆博物馆编：《史前研究（2006）——中国博物馆学会史前遗址博物馆专业委员会第六届学术研讨会暨三星堆祭祀坑发现二十周年纪念文集》，陕西师范大学出版社 2007 年 10 月版，第 619~625 页。

550.《三星堆遗址仁胜村土坑墓出土玉石器初步研究》，肖先进、吴维羲，载西安半坡博物馆、三星堆博物馆编：《史前研究（2006）——中国博物馆学会史前遗址博物馆专业委员会第六届学术研讨会暨三星堆祭祀坑发现二十周年纪念文集》，陕西师范大学出版社 2007 年 10 月版，第 626~641 页；又刊《四川文物》2010 年第 2 期，第 33~43 页。

551.《三星堆文化峡江类型刍议》，孙智彬，《四川文物》2007 年第 2 期，第 34~46 页。

552.《古蜀人族属源流考论》，李钊、施维树，载曾德祥主编：《蜀学》第 2 辑，巴蜀书社 2007 年 11 月版，第 1~10 页。

553.《三星堆祭祀坑文物探源》，姚思源，载曾德祥主编：《蜀学》第 2 辑，巴蜀书社 2007 年 11 月版，第 89~96 页。

554.《初识古蜀王国的金箔工艺》，张天恩，《考古与文物》2007 年第 5 期，第 53~56 页。

555.《从牙璋看我国商周时期东西部文化的交流》，徐心希，《殷都学刊》2007 年第 4 期，第 18~26 页。

556.《三星堆金杖外来文化因素蠡测》，张曦，《四川文物》2008 年第 1 期，第 59~64 页。

557.《鱼凫新考》，冯广宏，《文史杂志》2008 年第 1 期，第 24~30 页。

558.《三星堆青铜立人像的身份与握物新考——兼谈圭、

璋的辨别与定名》，钱玉趾，《成都文物》2008 年第 1 期，第 14~23 页。

559.《复原三星堆青铜立人龙纹礼衣的研发报告》，黄能馥，《装饰》2008 年第 1 期，第 48~51 页。

560.《三星堆文明和南方丝绸之路》，吴红，《西南民族大学学报（人文社科版）》2008 年第 3 期，第 99~104 页。

561.《三星堆烛龙纵出的蛇目——漫话巴蜀图腾系列之一》，白剑，《文史杂志》2008 年第 2 期，第 54~55 页。

562.《三星堆～金沙遗址商周礼乐文明研究——"尸"的艺术再现》，幸晓峰，《四川文物》2008 年第 2 期，第 48~52 页。

563.《柏灌考》，冯广宏，《文史杂志》2008 年第 2 期，第 46~49 页。

564.《三星堆酒器和郫筒酒》，慧绘，《文史杂志》2008 年第 2 期，第 56~57 页。

565.《从〈华阳国志〉看汉代蜀地复仇之风》，旷天全，《绵阳师范学院学报》2008 年第 4 期，第 107~109 页。

566.《千古之谜三星堆》，远涉，《科技潮》2008 年第 4 期，第 50~51 页。

567.《"意象思维"与三星堆文化造型艺术》，李社教，《湖北师范学院学报（哲学社会科学版）》2008 年第 4 期，第 1~4 页。

568.《非凡诡异的古蜀国青铜造像——〈中国古代艺术铸造系列图说〉之十七》，谭德睿，《特种铸造及有色合金》2008 年第 5 期，第 409~410 页。

569.《略论古蜀与商文明的关系》，段渝，《史学月刊》2008

年第 5 期，第 20~26 页。

570.《柏灌考》，何崝，《四川文物》2008 年第 3 期，第 50~56 页。

571.《三星堆铜人像功能考》，冯广宏，《西华大学学报（哲学社会科学版）》2008 年第 3 期，第 1~5 页。

572.《三星堆青铜人面像"纵目"研究》，董仁威、董晶，《成都理工大学学报（社会科学版）》2008 年第 2 期，第 20~24 页。

573.《齐家文化玉器与三星堆文化的关系》，彭燕凝，《深圳大学学报（人文社会科学版）》2008 年第 4 期，第 136~139 页。

574.《三星堆文化遗址出土的几件商代青铜器》，敖天照，《文物》2008 年第 7 期，第 89~90 页。

575.《古代中国西南的世界文明——论商代成都平原青铜文化与华北和世界古文明的关系》，段渝，《南方丝绸之路研究论集》，巴蜀书社 2008 年 8 月版，第 299~320 页。

576.《三星堆青铜人头像性质与楚史书〈梼杌〉名源考》，王晖，《考古与文物》2008 年第 5 期，第 44~50 页。

577.《三星堆为商灭蜀仪式说》，姜生，《东岳论丛》2008 年第 6 期，第 118~122 页。

578.《试论古蜀文化的开放性——以三星堆文化为例》，吴爽等，《内江师范学院学报》2008 年增刊，第 30~32 页。

579.《三星堆二号祭祀坑出土铜鸡考》，张耀辉，《四川文物》2008 年第 6 期，第 45~49 页。

580.《三星堆遗址铜"龙柱形器"应是"羊柱形器"》，钱玉趾，载钱玉趾：《求索舱诗文集·巴蜀史与古文字探》，（香港）天马出版有限公司 2008 年 12 月版，第 257~259 页。

581.《复原三星堆青铜立人龙纹礼衣的研发报告》，黄能馥，《装饰》2008 年第 1 期，第 48~51 页。

582.《新发现"美姑岩刻"与三星堆居民的关系》，钱玉趾，载钱玉趾：《求索舱诗文集·巴蜀史与古文字探》，（香港）天马出版有限公司 2008 年 12 月版，第 117~131 页。

583.《"三星堆与南方丝绸之路青铜文化学术研讨会"综述》，邹一清，《中国史研究动态》2008 年第 6 期，第 18~20 页。

584.《先秦巴蜀与南丝路研究述略》，邹一清，载段渝主编：《南方丝绸之路研究论集》，巴蜀书社 2008 年 8 月版，第 85~96 页。

585.《四川考古 60 年》，四川省文物考古研究院，《四川文物》2009 年第 6 期，第 19~31 页。

586.《纪念三星堆遗址发现八十周年专家座谈会综述》，吴维羲，《四川文物》2009 年第 6 期，第 82~85 页。

587.《古代西南地区"杖"制考》，刘弘、王楠，《四川文物》2009 年第 2 期，第 32~42 页。

588.《"都广之野"、"建木"以及"日中无影"》，王邦维，《中华文化论坛》2009 年增刊《古蜀农耕文化的起源与演进：蚕丛与瞿上学术论坛专辑》，第 46~50 页。

589.《三星堆出土乐器研究》，华明玲、田彬华，《西南科技大学学报（哲学社会科学版）》2009 年第 2 期，第 6~12、44 页。

590.《广汉市三星堆遗址出土玉器工艺技术与显微痕迹探索》，

陈启贤，载肖先进等主编：《三星堆研究》第 3 辑《玉器专辑》，（台北）众志美术出版社 2009 年 7 月版，第 14~95 页。

591.《广汉市三星堆遗址出土玉器矿物物相检测报告》，陈启贤，载肖先进等主编：《三星堆研究》第 3 辑《玉器专辑》，（台北）众志美术出版社 2009 年 7 月版，第 96~106 页。

592.《商代中国西南青铜剑的来源》，段渝，《社会科学研究》2009 年第 2 期，第 175~181 页。

593.《三星堆出土乐器及古蜀音乐形态初探》，胡东亮，《人民音乐》2009 年第 6 期，第 60~62 页。

594.《水因素与鸟类崇拜——试析三星堆面具和头像形象所蕴含的思想观念》，任小溪，《德州学院学报》2009 年第 3 期，第 76~80 页。

595.《三星堆文化造型艺术中的"升腾之象"》，李社教，《湖北师范学院学报（哲学社会科学版）》2009 年第 6 期，第 17~19 页。

596.《三星堆"蜀式"璋研究》，张跃辉，载肖先进等主编：《三星堆研究》第 3 辑《玉器专辑》，（台北）众志美术出版社 2009 年 7 月版，第 6~13 页。

597.《铸人像神与三星堆文化的张扬之美》，李社教，《武汉大学学报（人文科学版）》2009 年第 5 期，第 582~586 页。

598.《蚕丛考》，范勇，《中华文化论坛》2009 年增刊《古蜀农耕文化的起源与演进：蚕丛与瞿上学术论坛专辑》，第 96~103 页。

599.《试从南丝路沿线出土海贝探求古蜀海贝的由来》，张宏、林吕，《兰台世界》2009 年第 11 期，第 64~65 页。

600.《三星堆文物中的蚕丛文化因素探析》，王炎，《中华文化论坛》2009 年增刊《古蜀农耕文化的起源与演进：蚕丛与瞿上学术论坛专辑》，第 104~111 页。

601.《蜀史二题》，段渝，《中华文化论坛》2009 年增刊《古蜀农耕文化的起源与演进：蚕丛与瞿上学术论坛专辑》，第 167~169 页。

602.《蜀地发现的商式青铜器与商人在西南的矿业开发》，陈德安，《中华文化论坛》2009 年增刊《古蜀农耕文化的起源与演进：蚕丛与瞿上学术论坛专辑》，第 181~182 页。

603.《三星堆大型青铜器的几点思考》，黄彬，《大众文艺（理论）》2009 年第 17 期，第 97~98 页。

604.《浅析三星堆典型青铜器物的特点及功能》，陈令霞，《黑龙江科技信息》2009 年第 19 期，第 39 页。

605.《三星堆时期的髹漆业》，子房，《文史杂志》2010 年第 1 期，第 32~34 页。

606.《三星堆"铜神坛"的复原》，孙华，《文物》2010 年第 1 期，第 49~60 页。

607.《三星堆青铜轮形器与十月太阳历》，彭元江，《文史杂志》2010 年第 2 期，第 30~32 页。

608.《"青铜纵目面具"的造型及功能探讨》，孙倩，《数位时尚（新视觉艺术）》2010 年第 3 期，第 75~76 页。

609.《"蚕丛和鱼凫，开国何茫然"——从传播学角度看古巴蜀文化的演进》，赵志立，《中华文化论坛》2010 年第 3 期，第

40~46 页。

610.《三星堆边璋图像与古蜀记事》，冯广宏，《西华大学学报（哲学社会科学版）》2010 年第 2 期，第 78~81、85 页。

611.《巴蜀青铜礼器和兵器的探索》，张剑，中国先秦史学会，重庆中国三峡博物馆编，《长江·三峡古文化学术研讨会暨中国先秦史学会第九届年会论文集》，重庆出版社，2011 年 5 月版，第 464~487 页。

612.《论三星堆青铜面具的巫性审美》，赵深艳，《内江师范学院学报》2010 年第 7 期，第 61~63 页。

613.《试析古蜀玉器中的良渚文化因素》，王方，载杨晶、蒋卫东主编：《玉魂国魄——中国古代玉器与传统文化学术讨论会文集》四，浙江古籍出版社 2010 年 9 月版，第 271~283 页。

614.《三星堆古蜀王国的山崇拜》，张肖马，《考古与文物》2010 年第 5 期，第 44~50、110 页。

615.《三星堆文明与哈尼族文化的渊源关系》，李克山，民族文化宫博物馆编：《中国民族文博》第 3 辑，辽宁民族出版社 2010 年 12 月版，第 378~384 页。

616.《试论蜀文化和夏商文化的关系》，宋治民，《洛阳师范学院学报》2010 年第 1 期，第 25~31 页。

617.《论古蜀文明的起源与其特征》，沈长云，《中华文化论坛》2010 年第 3 期，第 35~39 页。

618.《三星堆文物与彝族宗教与神话文化元素的相似性》，沙马打各，《西昌学院学报（社会科学版）》2010 年第 2 期，第 104~107 页。

619.《修复三星堆青铜神树》，杨式，《东方收藏》2010年第1期，第44~47页。

620.《四正与四维：考古所见中国早期两大方位系统——由古蜀时代的方位系统说起》，王仁湘，《四川文物》2011年第5期，第36~46页。

621.《发现古蜀三星堆王族后裔——对今鱼凫王中都后裔的田野调查报告》，贾银忠，《西南民族大学学报（人文社会科学版）》2011年第1期，第213~217页。

622.《三星堆青铜树"一龙·九鸟·十二果"析》，彭元江，《文史杂志》2011年第1期，第4~6页。

623.《"千里眼"的人性与神性——三星堆青铜纵目面具与蚕丛传说的历史印证》，龙红、王玲娟，《中国文化研究》2011年第2期，第94~99页。

624.《三星堆启示录》，王齐、施劲松，载四川大学博物馆等编：《南方民族考古》第7辑《四川大学考古专业创建五十周年（1960—2010年）纪念专辑》，科学出版社2011年5月版，第137~144页。

625.《三星堆文化向十二桥文化变迁的相关问题——从金沙遗址兰苑地点谈起》，于孟洲、夏微，载四川大学博物馆等编：《南方民族考古》第7辑《四川大学考古专业创建五十周年（1960—2010年）纪念专辑》，科学出版社2011年5月版，第165~184页。

626.《敲开古蜀国神秘大门的金杖——2000年至今关于三星堆金杖的考古综述》，李一白，《河北旅游职业学院学报》2011年第 2 期，第 38~40 页。

627.《试论城洋铜器存在的历史背景》，孙华，《四川文物》2011 年第 3 期，第 33~45 页。

628.《蚕丛、柏灌、鱼凫时期蜀地农业初探》，彭邦本，载四川博物院编：《博物馆学刊》第 1 辑，四川人民出版社 2011 年 6 月版，第 18~25 页。

629.《三星堆出土爬龙铜柱首考——一根带有龙虎铜饰件权杖的复原》，孙华，《文物》2011 年第 7 期，第 39~49 页。

630.《论三星堆与南方丝绸之路青铜文化的关系》，段渝、刘弘，《学术探索》2011 年第 4 期，第 114~119 页。

631.《古蜀王国的驱傩文明》，鞠德源，《东方收藏》2011 年第 9 期，第 36~38 页。

632.《〈蜀王本纪〉与考古发现》，林向，《四川大学学报（哲学社会科学版）》2011 年第 5 期，第 5~10 页。

633.《三星堆与西南玉石之路——夏桀伐岷山与巴蜀神话历史》，叶舒宪，《民族艺术》2011 年第 4 期，第 33~43 页。

634.《四川茂县牟托石棺葬小议》，高大伦，《四川文物》2011 年第 6 期，第 70~73 页。

635.《三星堆文化"眼睛"符号的造物设计》，龙红、高一丹，《文艺争鸣》2011 年第 12 期，第 36~37 页。

636.《"三星堆与南方丝绸之路：中国西南与欧亚古代文明国际学术研讨会"综述》，邹一清，《中国史研究动态》2012 年第 1 期，第 58~60 页。

637.《三星堆一号青铜树古历法再析》，彭元江，《文史杂志》

2012 年第 1 期，第 49~51 页。

638.《蚕丛及鱼凫 开国何茫然》，王升华，《四川蚕业》2012年第 1 期，第 53、59 页。

639.《三星堆青铜艺术中纹样符号的审美特色探寻》，屈梅，《艺术百家》2012 年第 2 期，第 214~216 页。

640.《古代蜀地蚕桑经济及蚕神话考辨》，刘瑞明，《成都大学学报（社会科学版）》2012 年第 3 期，第 43~47 页。

641.《鱼凫文化三论》，潘殊闲，《地方文化研究辑刊》编辑部编：《地方文化研究辑刊》第 5 辑，巴蜀书社 2012 年 3 月版，第 45~50 页。

642.《华西边疆研究学会与三星堆文化的早期研究》，周蜀蓉，《四川文物》2012 年第 5 期，第 62~64 页。

643.《三星堆的折臂龙》，冯广宏，《文史杂志》2012 年第 3期，第 30~33 页。

644.《四川博物院藏三星堆遗址出土玉石器补记》，何先红，《四川文物》2012 年第 4 期，第 43~50 页。

645.《横空出世的精灵——独立与交融的三星堆艺术》，吴迪，《美术教育研究》2012 年第 9 期，第 49 页。

646.《三星堆出土成组石璧的复原调音实验研究》，幸晓峰等，《音乐探索（四川音乐学院学报）》2012 年第 3 期，第 13~21 页。

647.《三星堆祭祀坑大型铜神树的图像学考察》，[日] 曾布川宽著，贺小萍译，《四川文物》2012 年第 5 期，第 77~92 页。

648.《地震洪水灾害与三星堆古城的毁弃》，李绍先、刘晓霞，《绵阳师范学院学报》2012 年第 10 期，第 106~100、110 页。

649.《论彝族文化与三星堆文化研究的路径》，巫达，《民族学刊》2012 年第 6 期，第 1~7、96 页。

650.《"眼睛崇拜"与"蜀"字的关联》，彭元江，《文史杂志》2013 年第 4 期，第 7~8 页。

651.《三星堆服饰：古蜀农耕文化的历史映像》，甄娜，《中华文化论坛》2013 年第 2 期，第 36~39 页。

652.《人面烛龙、神树烛龙即蜀龙、蚕龙——三星堆"蟹睛人面"的新研究》，萧兵，载中国社会科学院考古研究所文化遗产保护研究中心编：《文化遗产研究》第 2 辑，巴蜀书社 2013 年 6 月版，第 113~142 页。

653.《四川烹饪文化溯源——三星堆文物与古蜀国食虫文化探秘》，何顺斌，《中华文化论坛》2013 年第 3 期，第 56~61 页。

654.《三星堆玉（石）器上发现的指南针及古文字新释》，张如柏、张玉玉，《成都理工大学学报（社会科学版）》2013 年第 4 期，第 1~8 页。

655.《河姆渡文化、三星堆文化的数理知识和数字崇拜解读》，张倩红，《天水师范学院学报》2013 年第 4 期，第 49~52 页。

656.《三星堆文化之谜仍是后人的谜面》，陈世奇，《中国地名》2013 年第 7 期，第 32~33 页。

657.《试论纵目青铜像的造型内涵》，钟周铭，《文史杂志》2013 年第 5 期，第 8~10 页。

658.《从三星堆遗址考古发现看南方丝绸之路的开通》，邱登成，《中华文化论坛》2013 年第 4 期，第 37~44、199 页。

659.《四川广汉三星堆发现"阴阳鱼太极图"与"天象图"

组合的玉器实物的意义探究》，张如柏、刘天祐，《成都理工大学学报（社会科学版）》2013 年第 5 期，第 1~6 页。

660.《论三星堆古蜀国玉器上〈河图〉与〈伏羲八卦〉组合图的发现——对"河出图，洛出书"出处的质疑》，张如柏等，《成都理工大学学报（社会科学版）》2013 年第 6 期，第 1~8 页。

661.《三星堆器物坑的埋藏问题——埋藏年代、性质、主人和背景》，孙华，载四川大学博物馆等编：《南方民族考古》第 9 辑，科学出版社 2013 年 12 月版，第 9~53 页。

662.《我国古蜀时期先民的渔猎体育活动研究》，宋涛，《河南科技》2013 年第 24 期，第 208 页。

663.《三苗、蜀五王、三星堆特殊青铜器考析》，黄锦树，《韩山师范学院学报》2014 年第 1 期，第 76~83 页。

664.《四川广汉惊现古蜀国甲骨文及神秘图案》，张如柏，《成都理工大学学报（社会科学版）》2014 年第 3 期，第 1~6 页。

665.《三星堆突目面具成因之我见》，王正刚，《装饰》2014 年第 6 期，第 86~88 页。

666.《中国十二生肖起源地探微——基于四川广汉古蜀国出土玉器》，张如柏等，《成都理工大学学报（社会科学版）》2014 年第 4 期，第 1~6 页。

667.《三星堆的谜面何时能揭开》，谷月仙，《中国地名》2014 年第 7 期，第 46~47 页。

668.《三星堆青铜器矿源探秘》，李忠东、周江陵，《资源与人居环境》2014 年第 7 期，第 60~62 页。

669.《羌族释比法器与三星堆文化内在联系探讨》，张犇、詹颖，《装饰》2014年第10期，第80~81页。

670.《殷商与古蜀》，唐际根、王方，载许宏主编：《夏商都邑与文化（一）："夏商都邑考古暨纪念偃师商城发现30周年国际学术研讨会"论文集》，中国社会科学出版社2014年10月版，第547~563页。

671.《殷商时期玉石仪仗用具所反映的中原与周边地区的文化交流》，李健民，《百色学院学报》2014年第6期，第12~18页。

672.《四川省文物考古研究院考古60年》，四川省文物考古研究院考古研究所，《四川文物》2014年第1期，第80~96页。

673.《一年成聚 二年成邑——对于三星堆遗址一期文化遗存的两点认识》，雷雨，载许宏主编：《夏商都邑与文化（二）："纪念二里头遗址发现55周年学术研讨会"论文集》，中国社会科学出版社2014年10月版，第545~551页。

674.《三星堆青铜器焊接技术比较研究》，俞杨阳，《哈尔滨学院学报》2014年第1期，第122~124页。

675.《玉柄形器与玉璋关系研究》，李喜娥，《四川文物》2015年第1期，第41~45页。

676.《古蜀人服饰文化探寻》，林茵，《现代商贸工业》2015年第8期（上），第69~71页。

677.《古蜀的鸟崇拜与演进轨迹》，王凯，《中华文化论坛》2015年第10期，第26~31页。

678.《三星堆象头冠与中印象头神之比较》，刘弘等，《中华文化论坛》2015年第1期，第145~154页。

679.《越南北部牙璋研究》，彭长林，《华夏考古》2015 年第 1 期，第 63~71 页。

680.《持蛇而祭——三星堆青铜立人像手持之物考》，李江涛，《湖北美术学院学报》2015 年第 1 期，第 78~81 页。

681.《巴蜀审美意识的发生——以三星堆和金沙出土器物为例》，李凯、王庆，《四川师范大学学报（社会科学版）》2015 年第 2 期，第 151~160 页。

682.《三星堆及金沙玉器的玉源初探——四重证据法的实验》，杨骊、段宇衡，《百色学院学报》2015 年第 3 期，第 24~31 页。

683.《四川烹饪文化溯源：三星堆文物与古蜀国烹饪饮食保健文化探秘》，何顺斌，《品牌》2015 年第 6 期，第 151~153 页。

684.《三星堆青铜人像的造型特征及审美意蕴》，王晓婷，《艺术科技》2015 年第 8 期，第 85、127 页。

685.《巴蜀三星堆文化之鸟图腾崇拜原因探秘》，王晓婷，《艺术研究》2015 年第 3 期，第 96~97 页。

686.《成都平原古文明的活力之源》，高大伦，载王震中等主编：《夏商周文明研究》第 11 辑《夏商周方国文明国际学术研讨会论文集（2014 中国广汉）》，科学出版社 2015 年 9 月版，第 79~81 页。

687.《三星堆遗址商代城址的调查与认识》，陈德安、杨剑，载王震中等主编：《夏商周文明研究》第 11 辑《夏商周方国文明国际学术研讨会论文集（2014 中国广汉）》，科学出版社 2015 年 9 月版，第 139~156 页。

688.《浅析三星堆古城布局》，陈显丹，载王震中等主编：

《夏商周文明研究》第 11 辑《夏商周方国文明国际学术研讨会论文集（2014 中国广汉）》，科学出版社 2015 年 9 月版，第 157~163 页。

689.《三星堆遗址璞玉、籽玉、大玉料的发现及相关问题的探讨》，敖天照，载王震中等主编：《夏商周文明研究》第 11 辑《夏商周方国文明国际学术研讨会论文集（2014 中国广汉）》，科学出版社 2015 年 9 月版，第 164~182 页。

690.《铜树、社树、钱树——三星堆 II 号铜树与东汉钱树之研究》，张肖马，载王震中等主编：《夏商周文明研究》第 11 辑《夏商周方国文明国际学术研讨会论文集（2014 中国广汉）》，科学出版社 2015 年 9 月版，第 183~188 页。

691.《古蜀金面具与迈锡尼金面具之比较》，冯亚，《社科纵横》2015 年第 12 期，第 112~115 页。

692.《"三星堆与世界上古文明暨纪念三星堆祭祀坑发现三十周年国际学术研讨会"综述》，雷雨、冉宏林，《四川文物》2016 年第 5 期，第 91~96 页。

693.《三星堆遗址古文明的长度宽度和高度》，高大伦、郭明，《四川文物》2016 年第 6 期，第 79~83 页。

694.《三星堆青铜艺术审美研究综述》，李祎然，《名作欣赏》2017 年第 18 期，第 175~176 页。

695.《关于三星堆一期文化的几点认识》，雷雨，载何驽主编：《李下蹊华——庆祝李伯谦先生八十华诞论文集》，科学出版社 2017 年 2 月版，第 259~280 页。

696.《从古蜀海贝到"南方丝绸之路"文化的试探》，王泽仁，

《四川文化产业职业学院（四川省干部函授学院）学报》2016 年第 1 期，第 131~135 页。

697.《三星堆文化与金沙文化存延续性——访中国社科院考古研究所研究员施劲松》，曾江，《中国社会科学报》2016 年 1 月 8 日第 6 版。

698.《三星堆与金沙出土铜铃比较研究》，沈博、幸晓峰，《音乐探索（四川音乐学院学报）》2016 年第 1 期，第 48~52 页。

699.《先秦古蜀与华夏的交流互动与融汇初探——中华文明多元一体格局早期历程的重要个案》，彭邦本，《中原文化研究》2016 年第 1 期，第 10~19 页。

700.《"三星堆"与彝族文化》，朱文旭，《西昌学院学报（社会科学版）》2016 年第 1 期，第 1~5 页。

701.《"跽"式体姿：三星堆文化中的通神仪式探析》，李为香，《宗教学研究》2016 年第 4 期，第 252~257 页。

702.《太阳·鸟·树——浅析古蜀文明三星堆中的图饰》，吴迪，《艺术生活·福州大学厦门工艺美术学院学报》2016 年第 4 期，第 30~31 页。

703.《从三星堆发现大古城论何时有"成都"——五论"成都"得名是在秦灭古蜀后》，李殿元，《成都理工大学学报（社会科学版）》2016 年第 3 期，第 109~114 页。

704.《三星堆文化里的"三苗"因素析》，彭元江，《文史杂志》2016 年第 5 期，第 83~86 页。

705.《早期国家的财政文明——三星堆文化遗存的启示》，李炜光、欧阳婷，《学术界》2016 年第 5 期，第 41~52 页。

706.《三星堆青铜纵目面具与铜兽首冠人像的藏文化解读》，同美，《民族学刊》2016年第5期，第21~27页。

707.《三星堆文明与三星堆古城》，陈显丹，载宋建、陈杰主编：《"城市与文明"学术研讨会论文集》，上海古籍出版社2016年12月版，第344~354页。

708.《三星堆都邑考古新突破——发现大型建筑基址群及两道新的夯土城墙》，雷雨，载宋建、陈杰主编：《"城市与文明"学术研讨会论文集》，上海古籍出版社2016年12月版，第355~361页。

709.《黄金覆面是何方传统》，王仁湘，《半窗意象——图像与考古研究自选集》，文物出版社2016年12月版，第36~37页。

710.《千载蜀魂　精气长存——三星堆和金沙遗址出土文物略谈（下）》，张海军，《收藏家》2016年第12期，第15~22页。

711.《三星堆象形青铜器略论》，范佳，《中华文化论坛》2016年第12期，第31~35、191页。

712.《三星堆考古新发现与古蜀文明新认识》，赵殿增，《四川文物》2017年第1期，第68~75页。

713.《三星堆凸目尖耳铜面像考》，孙华，载何驽主编：《李下蹊华——庆祝李伯谦先生八十华诞论文集》，科学出版社2017年2月版，第259~280页。

714.《三星堆视觉造型研究——以青铜面具为例》，印洪，《美术研究》2017年第4期，第101~103页。

715.《三星堆遗址与三星堆文化》，孙华，《文史知识》2017年第6期，第3~10页。

716.《三星堆——古蜀文明的来龙去脉》，彭邦本，《文史知识》2017 年第 6 期，第 11~18 页。

717.《三星堆青铜神树——早期文明的"自然崇拜"》，赵殿增，《文史知识》2017 年第 6 期，第 19~24 页。

718.《古蜀国音乐源流考——从三星堆出土文物管窥》，蒋修辉，《大众文艺》2017 年第 8 期，第 175 页。

719.《三星堆文化的再思考》，施劲松，《四川文物》2017 年第 4 期，第 39~43 页。

720.《三星堆青铜器纹饰的艺术特征》，龚新源、申子嫣，《大众文艺》2017 年第 10 期，第 129 页。

721.《三星堆文化中"和"的内蕴探析》，李社教，《华中师范大学学报（人文社会科学版）》2017 年第 6 期。

722.《三星堆祭祀坑出土"祭祀图"牙璋考》，朱乃诚，《四川文物》2017 年第 6 期，第 51~59 页。

·简讯简介

1.《四川广汉出土商代玉器》，敖天照、王有鹏，《文物》1980 年第 9 期，第 76 页。

2.《广汉三星堆遗址》，徐鹏章，载中国考古学会编：《中国考古学年鉴（1984）》，文物出版社 1984 年 12 月版，第 154~155 页。

3.《广汉县三星–真武遗址》，赵殿增，载中国考古学会编：《中国考古学年鉴（1985）》，文物出版社 1985 年 12 月版，第 209~210 页。

4.《广汉发掘三星堆蜀文化遗址》，广汉三星堆遗址发掘组，《四川日报》1986 年 4 月 25 日第 1 版。

5.《四川广汉三星堆遗址的新发现》，杨林，《文物天地》1986 年第 6 期，第 48 页。

6.《四川广汉三星堆遗址出土大批文物》，《光明日报》1986 年 8 月 24 日第 1 版。

7.《巴蜀文化历史推前一千年，广汉三星堆遗址发掘大量文物》，《文汇报》1986 年 8 月 24 日第 1 版。

8.《广汉县三星堆遗址发现祭祀坑，再度证实巴蜀文明史提前千年》，《人民日报》1986 年 9 月 1 日第 3 版。

9.《精美绝伦世所罕见金杖金面罩出土》，《文汇报》1986 年 9 月 14 日第 2 版。

10.《广汉发现商代大型祭祀坑》，《文物报》1986 年 11 月 14 日第 1 版。

11.《广汉县青铜雕像群室内清理工作展开》，《光明日报》1986 年 12 月 10 日第 1 版。

12.《铜像之王——四川广汉县三千年前稀世文物先睹记之一》，白建钢，《光明日报》1986 年 12 月 30 日第 2 版。

13.《头像之谜——四川广汉县三千年前稀世文物目睹记之二》，白建钢，《光明日报》1986 年 12 月 31 日第 2 版。

14.《黄金面罩——四川广汉县三千年前稀世文物目睹记之三》，白建钢，《光明日报》1987 年 2 月 23 日第 2 版。

15.《"天外来客"——四川广汉县三千年前稀世出土文物目睹记之四》，白建钢，《光明日报》1987 年 2 月 24 日第 2 版。

16.《神"树"和"羊"——四川广汉县三千年前稀世出土文物目睹记之五》，白建钢，《光明日报》1987 年 2 月 26 日第 2 版。

17.《四川广汉出土商周青铜雕像群》，白建钢，《美术》1987年第 2 期，第 58~59 页。

18.《广汉三星堆古蜀文化遗址群展现新貌》，《光明日报》1987 年 3 月 1 日第 1 版。

19.《三星堆：璀璨的古蜀文化遗址》，闵云森，《四川日报》1987 年 4 月 18 日第 2 版。

20.《"三星伴月"话蜀都——三星堆考古发掘琐记》，林向，《文物天地》1987 年第 5 期，第 4~5 页。

21.《广汉揭露出两大型祭祀坑》，陈德安、陈显丹，《中国文物报》1987 年 10 月 1 日第 1 版。

22.《四川广汉两个商代蜀国祭祀坑出土大批珍贵文物》，《光明日报》1987 年 10 月 9 日第 1 版。

23.《广汉商代蜀国祭祀坑出土珍贵文物》，《人民日报》1987年 10 月 9 日第 3 版。

24.《出土商代蜀国文物堪称人间奇珍，800 件文物把蜀文化渊源上推近 2000 年》，《文汇报》1987 年 10 月 9 日第 1 版。

25.《记广汉三星堆遗址的发现及其发掘》，陈显丹、陈德安，《文物天地》1988 年第 1 期，第 12~16 页。

26.《中外学者研究青铜文化后证实，中国南方古代文明可与黄河流域媲美》，《人民日报》1988 年 10 月 17 日第 3 版。

27.《广汉县三星堆遗址》，陈德安、陈显丹，载中国考古学会编：《中国考古学年鉴（1987）》，文物出版社 1988 年 10 月版，第 235 页。

28.《广汉县三星堆商时期祭祀坑》，陈德安、陈显丹，载中国考古学会编：《中国考古学年鉴（1987）》，文物出版社 1988 年 10 月版，第 236~237 页。

29.《四川三星堆文化遗址有新发现》，《人民日报》1989 年 3 月 3 日第 4 版。

30.《我市金河街发现商周遗址》，蒋成，《成都文物》1989 年第 1 期，第 55 页。

31.《三星堆古都城墙被初步证实》，《人民日报》1989 年 5 月 16 日第 4 版。

32.《三星堆祭祀坑会否是墓葬》，张明华，《中国文物报》1989 年 6 月 2 日第 3 版。

33.《商文化怎样传入四川》，李学勤，《中国文物报》1989 年 7 月 21 日第 3 版。

34.《广汉三星堆遗址发掘获重大成果》，陈德安、罗亚平，《中国文物报》1989 年 9 月 15 日第 1 版。

35.《四川考古工作取得新收获》，蜀人，《中国文物报》1990 年 6 月 7 日第 1 版。

36.《它是谁的人面像》，琦枫，《紫禁城》1991 年第 2 期，第 42 页。

37.《广汉三星堆考古记略》，敖天照、刘雨涛，载李绍明等主编：《巴蜀历史·民族·考古·文化》，巴蜀书社 1991 年 4 月版，第 331~338 页。

38.《广汉三星堆早期蜀国城墙》，陈德安，载中国考古学会编：《中国考古学年鉴（1990）》，文物出版社 1991 年 9 月版，第 298~299 页。

39.《广汉三星堆古蜀文化研究专辑即将出版》，《四川文物》1992 年第 1 期，第 30 页。

40.《由牙璋分布论古史地域扩张问题——南中国及邻近地区古文化研究国际研讨会开幕演讲》，饶宗颐，《中华文化论坛》1994 年第 1 期，第 81~82 页。

41.《广汉三星堆遗址西城墙》，陈德安，载中国考古学会编：《中国考古学年鉴（1993）》，文物出版社 1995 年 6 月版，第 234~235 页。

42.《〈三星伴明月——古蜀文明探源〉出版问世》，萧燕，《四川文物》1997 年第 1 期，第 23 页。

43.《三星永耀　精气长存》，樊一，《中华文化论坛》1998 年第 2 期，第 64~70 页。

44.《三星堆博物馆　古蜀先民的家园》，金磊，《建筑》1998 年第 9 期，第 40 页。

45.《三星堆博物馆随笔》，赵川荣，《中国文物报》1998 年 10 月 11 日第 2 版。

46.《三星堆博物馆观感》，吴维羲，《中国文物报》1998 年 10 月 11 日第 4 版。

47.《华夏文明的探索——〈三星堆传奇〉在台湾展出侧记》，高大伦、张丽华，《中国文物报》1999 年 7 月 7 日第 2 版。

48.《由广汉三星堆博物馆浅谈"通神性"的建筑》，张蓉，《四川建筑》1999 年第 3 期，第 61~64 页。

49.《稻、鸟和太阳的祭祀》，［日］荻原秀三郎著，岷雪译，《民族艺术》1999 年第 3 期，第 154~166 页。

50.《广汉三星堆遗址》，袁金泉，载中国考古学会编：《中国考古学年鉴（1997）》，文物出版社 1999 年 12 月版，第 221 页。

51.《三星堆古文化、古城、古国遗址发现始末》，敖天照，《巴蜀史志》2000 年第 4 期，第 38~44 页。

52.《享誉海内外的三星堆》，陈显丹，《四川文物》2000 年第 2 期，第 53~54 页；又刊《巴蜀史志》2000 年第 4 期，第 45~46 页。

53.《殷商文明暨纪念三星堆遗址发现七十周年国际学术研讨会在广汉隆重召开》，敖天照，《巴蜀史志》2000 年第 4 期，第 44 页。

54.《三星堆遗址研究展望》，王宇信，《中国文物报》2000 年 9 月 6 日第 3 版。

55.《古蜀"船棺"惊世破土》，文帅，《成都晚报》2000 年 9 月 27 日第 4 版。

56.《"殷商文明暨纪念三星堆遗址发现 70 周年国际学术研讨会"在广汉召开》，《中原文物》2000 年第 5 期，第 9 页。

57.《"殷商文明暨纪念三星堆遗址发现 70 周年国际学术研讨会"在广汉隆重召开》，《四川文物》2000 年第 5 期，第 17 页。

58.《再次发掘三星堆地点疑为宫殿区》，成息，《中国文物报》2000 年 12 月 9 日第 1 版。

59.《三星堆的七大千古之谜》，杨全新、苑坚，《新华每日电讯》2000 年 12 月 12 日第 5 版；又刊《四川监察》2001 年第 3

期，第 35 页。

60.《三星堆文明有可能是杂交文明》，杨全新、苑坚，《新华每日电讯》2000 年 12 月 12 日第 5 版。

61.《三星堆发掘发现古代废弃水沟》，杨全新、苑坚，《新华每日电讯》2000 年 12 月 14 日第 5 版。

62.《三星堆文明不可思议》，熊艳，《新华每日电讯》2000 年 12 月 14 日第 5 版。

63.《三星堆曾是世界朝圣中心》，杨全新、苑坚，《新华每日电讯》2000 年 12 月 15 日第 5 版。

64.《三星堆又掘出谜团》，熊艳，《新华每日电讯》2000 年 12 月 16 日第 2 版。

65.《"三星堆"文化内涵基本认定》，杨全新等，《成都晚报》2000 年 12 月 17 日第 5 版。

66.《三星堆出土整套祭器》，杨艳坚，《新华每日电讯》2000 年 12 月 18 日第 5 版。

67.《三星堆神秘面纱将被撩开》，杨艳坚，《新华每日电讯》2000 年 12 月 19 日第 5 版。

68.《探秘三星堆》，钟锦、李欣，《西部大开发》2001 年第 1 期，第 54~57 页。

69.《三星堆文化考古研究》，陈显丹，《光明日报》2001 年 2 月 27 日第 B03 版。

70.《20 年来 13 次发掘，面对古蜀国文化——三星堆千古之谜》，卢新宁，《人民论坛》2001 年第 2 期，第 31~32 页。

71.《我看三星堆先民的眼睛》，曾燕伶，《文史杂志》2001

年第 3 期，第 31 页。

72.《从"三星堆"到剑南烧春"天益老号"——古代四川酒文化历史源流考》，夏如秋，《中国酒》2001 年第 5 期，第 38~39 页。

73.《美专家出语惊人——三星堆青铜器使用了焊接术》，李作勇，《电焊机》2001 年第 12 期，第 39 页。

74.《趣谈三星堆和图坦卡蒙金面罩》，吴冰，《收藏界》2002 年第 1 期，第 6~8 页。

75.《灿烂的三星堆文明》，高大伦，《中国旅游报》2002 年 1 月 7 日第 10 版。

76.《三星堆和文化生态》，龚静，《东方航空报》2002 年 5 月 20 日第 8 版。

77.《〈三星堆文明丛书〉隆重推出》，文讯，《四川文物》2002 年第 3 期，第 76 页。

78.《三星堆遗址月亮湾城墙》，载中国考古学会编：《中国考古学年鉴（2001）》，文物出版社 2002 年 12 月版，第 279~281 页。

79.《三星堆文化与西部文化强省建设的思考》，四川省社会科学院课题组，《西南民族学院学报（哲学社会科学版）》2003 年第 1 期，第 60~65 页。

80.《三星堆：如何走出深闺》，梁小琴，《人民日报》2003 年 1 月 15 日第九版。

81.《四川一高级工程师提出新说：三星堆古国亡于地震》，董泰，《国际地震动态》2003 年第 2 期，第 43~44 页。

82.《三星堆为天府之都定调》，李羚，《经理日报》2003 年 3

月 3 日第 4 版。

83.《文明母地重塑三星堆》，刘斌夫、徐骧，《四川日报》2003 年 4 月 25 日第 9 版。

84.《神奇的三星堆 灿烂的蜀文化》，高大伦，《中国审计》2003 年第 4 期，第 46~49 页。

85.《三星堆遗址发掘记》，王谦，《文史春秋》2004 年第 7 期，第 11~14 页。

86.《三星堆：世界第九大奇迹》，程明，《民族大家庭》2004 年第 4 期，第 24~26 页。

87.《神秘三星堆》，明红，《城乡建设》2004 年第 11 期，第 83 页。

88.《四川广汉三星堆遗址 长江上游古文明的地下史书》，《中国文化遗产》2007 年第 3 期，第 3 页。

89.《三星辉耀 丝路流长——"三星堆与南方丝绸之路青铜文物展"》，吴维羲等，《中国文化遗产》2007 年第 3 期，第 92~99 页。

90.《三星堆文明与古彝族文化同源？》，何茜，《四川日报》2007 年 12 月 17 日第 6 版。

91.《解读三星堆的"阿卡密码"》，周雷，《瞭望》2007 年第 51 期，第 64~65 页。

92.《商代青铜单翼铃在三星堆遗址陆续出土》，敖天照，《四川文物》2009 年第 2 期，第 69 页。

93.《1963 年广汉月亮湾遗址发掘的回忆——纪念四川大学考古专业创建五十周年》，宋治民，《四川文物》2010 年第 4 期，第 92~96 页。

94.《三星堆：长江上游文明策源地》，陈健，《瞭望》2013 年第 33 期，第 58~59 页。

95.《成都市三星堆商代遗址》，雷雨，载中国考古学会编：《中国考古学年鉴（2014）》，中国社会科学出版社 2015 年 12 月版，第 380~382 页。

96.《三星堆遗址考古的新突破——发现最高等级建筑区、合围大城及北部小城、城址北部格局逐渐清晰》，雷雨，《中国文物报》2016 年 3 月 25 日第 5 版。

97.《三十而立 三星堆文明之光愈发璀璨》，吴维羲、林维，《四川日报》2016 年 8 月 1 日第 12 版。

98.《古蜀文明惊世发现》，童方，《瞭望》2016 年第 6 期，第 41~43 页。

99.《三星堆文化源出中华》，张明华，《文物天地》2016 年第 8 期，第 84~89 页。

100.《三星堆与世界上古文明暨纪念三星堆祭祀坑发现 30 周年国际学术研讨会召开》，《遗产与保护研究》2016 年第 5 期，第 117 页。

101.《广汉三星堆商代遗址》，雷雨，载中国考古学会编：《中国考古学年鉴（2015）》，中国社会科学出版社 2016 年 10 月版，第 293 页。

102.《千载蜀魂 精气长存——三星堆和金沙遗址出土文物略谈（上）》，张海军，《收藏家》2016 年第 11 期，第 23~28 页。

103.《广汉市三星堆商代遗址》，雷雨，载中国考古学会编：

《中国考古学年鉴（2016）》，中国社会科学出版社2017年11月版，第377~378页。

104.《三星堆，古蜀文明的密码》，卢江良、王源源，《科学24小时》2017年第12期，第46~49页。

· 评介

1.《简要评介"三星堆文化"遗址》，周真林，《成都师专学报（文科版）》1993年第1期，第38~41页。

2.《古蜀文明研究的重大成果——简评〈三星堆文化〉》，杨荣新，《四川文物》1994年第1期，第80页。

3.《坚韧的探索之旅——〈三星堆文化〉评介》，孙旭军，《天府新论》1994年第2期，第96~97页。

4.《巴蜀文化源流、内涵的新探索——〈三星堆与巴蜀文化〉评述》，范勇，《中华文化论坛》1994年第2期，第39~42页。

5.《"大知观于远近"——读〈三星堆文化〉有感》，张正明，《中华文化论坛》1994年第4期，第83页。

6.《巴蜀文化研究的硕果——喜读〈三星堆文化〉》，袁庭栋，《文史杂志》1994年第1期，第20~21页。

7.《〈三星堆祭祀坑〉简介》，秋水，《考古》1999年第11期，第73页。

8.《童恩正先生与西南考古》，范勇，《四川文物》2000年第5期，第56~58页。

9.《三星堆祭祀坑》，四川省社会科学评奖办公室，《天府新论》2002年第1期，第97页。

10.《略论巴蜀考古新发现及其学术地位——〈三星堆考古研究〉序》，李学勤，《中华文化论坛》2002年第3期，第35~36页。

11.《三星堆文化和古蜀文明的新探讨——黄剑华著〈古蜀的辉煌〉序言》，谭继和，《四川文物》2002年第5期，第23~25页。

12.《志苑花开又一枝——评〈三星堆图志〉》，汪毅，《文史杂志》2007年第4期。

13.《介绍蜀文化研究领域的一部新作》，杨宝成，《中国文物报》2007年9月5日第4版。

14.《巴蜀古代文明的酋邦制研究——〈政治结构与文化模式〉评介之一》，林向，《中华文化论坛》2000年第2期，第141~143页。

· **其他**

1.《重视方法论的探索——谈巴蜀文化考古》，朱秉璋，《四川文物》1987年第1期，第37~41页。

2.《广汉三星堆大事记（1929~2000.2）》，陈显丹，《中华文化论坛》2001年第1期，第41~45页。

3.《提高对三星堆文化认识的科学性》，李绍明，《中华文化论坛》2001年第2期，第30~31页。

4.《三星堆热与锄头考古学》，林向，《中华文化论坛》2001年第2期，第31~32页。

5.《认真做好三星堆考古成果的宣传工作》，赵殿增，《中华文化论坛》2001 年第 2 期，第 32~33 页。

6.《三星堆研究面临的问题必须以科学的态度来对待》，范小平，《中华文化论坛》2001 年第 2 期，第 33 页。

7.《加强三星堆学术研究乃当务之急》，黄剑华，《中华文化论坛》2001 年第 3 期，第 21 页。

8.《一个充满活力的学科生长点——苏秉琦先生指导下的三星堆考古》，赵殿增、陈德安，载宿白主编：《苏秉琦与当代中国考古学》，科学出版社 2001 年 6 月版，第 451~469 页。

9.《三星堆大事记》，载四川省地方志编纂委员会编：《三星堆图志》，四川人民出版社 2005 年 8 月版，第 295~298 页。

10.《三星堆遗址大事记》，陈德安，《四川文物》2006 年第 3 期，第 83~84 页。

11.《三星堆遗址一、二号祭祀坑发掘日记》，陈显丹，《四川文物》2006 年第 3 期，第 85~89 页。

三星堆考古
大事记
（1927-2018 年）

1927 年

1927 年在四川广汉南兴镇真武村月亮湾台地，首次发现大宗具有古蜀地方特色的玉石器。

1931 年

1931 年任教于华西协合大学的美籍教授戴谦和调查遗址。

1933 年

1933 年时任华西协合大学博物馆馆长、美籍教授葛维汉赴现场考察，准备发掘。

1934 年

1934 年 3 月，葛维汉、林名均等在月亮湾燕家院子进行考古发掘，确认燕道诚发现的玉石器来自一个规则土坑，另发现 600多件玉石器和陶器，其成果得到郭沫若先生的高度评价。

1936 年

1936 年，葛维汉将 1934 年的发掘成果整理发表了《汉州（广汉）初步发掘报告》，并将其命名为"广汉文化"。

1951 年

1951 年，四川省博物馆的调查小组在遗址区域进行考古调查，确认有古文化遗存分布。

1953 年

1953 年，西南博物院院长、四川大学教授冯汉骥等调查遗址区域。

1956 年

1956 年，四川省文物管理委员会调查遗址区域，首次命名三星堆遗址（分为北边横梁子和南边三星堆两个遗址），明确其年代为商周时期。

同年，四川省博物馆对三星堆遗址区域进行了较大范围的调查，除调查月亮湾及鸭子河一带外，还调查了与三星堆遗址有关的新繁水观音遗址，调查简报发表在 1958 年《考古通讯》第六期，认为该遗址属新石器时代。

1958 年

1958 年，四川省博物馆到三星堆遗址调查、采集出土文物。

同年 6 月，四川大学历史系考古教研组对鸭子河、马牧河之间的台地及三星堆附近进行了调查，调查结果发表在《文物》1961 年 11 期。

1960 年

1960 年 6 月四川大学历史系考古专业师生对遗址进行调查，发现大量古蜀文化遗存，首次将 1956 年调查的两个遗址合并为一个遗址，明确为古蜀文化遗址，但年代判断有误。

1963 年

1963 年 9 月至 12 月，在冯汉骥教授主持下，由四川省博物馆、四川大学历史系考古教研室在月亮湾遗址发掘，发现有三座墓葬以及疑似建筑，出土各类文物以及残铜器、炼渣、孔雀石、

坩埚残片等。此次发掘成果后整理发表在《南方民族考古》1992
年第 5 期。

1976 年

1976 年，四川省文物管理委员会调查三星堆地点。

1980 年 –1981 年

1980 年，由四川省文物管理委员会、四川省博物馆、广汉县
文物部门联合开始对遗址进行大规模发掘，同年 4 月、5 月对三
星堆地点进行发掘和试掘工作。

1980 年 11 月至 1981 年 5 月，在三星堆地点进行发掘，发
现普通建筑遗存、小型墓葬等，发现大面积房屋基址并进行了航
拍，首次命名"三星堆文化"，首次将遗址分为三期。发掘情况
发表在《考古学报》1987 年第 2 期。

1982 年

1982 年国家文物局领导考察遗址，将其列为重点考古发掘项
目。广汉县人民政府发文，加强三星堆遗址的保护工作。

1982 年 4 月至 1983 年 1 月，发现陶窑、石头建筑以及第四
期遗存。

1983 年

1983 年 7 月，调查三星堆遗址周边区域，确定仁胜村一带有
文化遗存。

1984 年

1984 年，在西泉坎发现新石器时代晚期至西周早期的文化堆
积，发现普通建筑遗存、跪坐石人像、石璋、石器成品、半成品
和废料等，三星堆遗址时代上下限大致确定。同年发掘东城墙，

确认陈家梁子有可能是城墙。

1985 年

1985 年发掘三星堆地点，发现石璋、石蛙等石器，同年调查三星堆遗址周边区域，确认遗址范围为 12 平方公里以上，10 月，首次发现遗址内的土梁埂为人工建造的夯土城墙。

1986 年

1986 年，3 月至 5 月，四川省文物考古研究所、四川大学历史系考古教研室和广汉县对遗址进行大规模发掘，发现房址等遗迹、跪坐石人像、青铜柳叶剑等遗物，遗址首次 C14 测年将三星堆遗址的时代上限推至距今 5000 年前。

7 月，发现发掘三星堆一号祭祀坑，出土大量金、铜、玉石陶器等，广汉县人民政府公布三星堆遗址为县级文物保护单位。

8 月，发现发掘三星堆二号大型祭祀坑，出土大量金、铜、玉石象牙器等。

11 月，在广汉召开全国性的"巴蜀历史与文化学术讨论会"对三星堆古蜀文化遗址的性质等进行了广泛的学术讨论。大会学术成果汇集成李绍明、林向、徐南洲主编《巴蜀历史·民族·考古·文化》一书，于 1991 年出版。

1987 年

1987 年春，三星堆遗址的两个大型祭祀坑被评为"1986 年全国十大考古发现"之一。

1 月，四川省人民政府公布三星堆遗址为省级文物保护单位。

4 月，为了对三星堆遗址在历史、冶金、古建、美术等学科方面做出较为全面的评估，四川省文物管理委员会、四川省文物考古研究所邀请苏秉琦、邹衡、严文明、杨鸿勋、张忠培、李学勤、俞伟超等专家学者和省委省政府的领导共 40 余人参加了"三星堆遗址保护、研究、评估"座谈会。

5 月，两座祭祀坑出土的上千件文物的整理工作全面展开。苏秉琦先生等对遗址进行考察，将其定义为"古文化、古城、古国遗址"。为了保护遗址，省、市有关部门正式确定了三星堆遗址的重点保护区域和一般保护区域，停办、拆迁遗址内两座砖厂，提出就地建立三星堆遗址博物馆，开始筹建三星堆工作站。

10 月，发现仓包包祭祀坑遗址，出土铜器、玉器、石器等遗物。

同年，《文物》刊发一号祭祀坑发掘简报。

1988 年

1988 年 1 月，国务院公布三星堆遗址为全国重点文物保护单位。

2 月，四川省文物考古研究所三星堆遗址工作站建立。

4 月，三星堆博物馆筹备处成立。

10 月至次年 1 月份，四川省文物考古研究所对分布在广汉三星堆遗址南部的"土堆"、"土埂"进行了全面的调查发掘，证实为人工夯筑堆积的土墙，确认三星堆城墙。

1989 年

1989 年，《文物》刊发二号祭祀坑发掘简报。《四川文物》增刊《广汉三星堆遗址研究专辑》。

6 月，确定祭祀坑出土象牙的保护方案。

1989 年至次年 5 月，发现、发掘并确认了东城墙。

1990 年

1990 年 3 月，在广汉举行三星堆博物馆设计方案论证会，最后选定西南设计院的方案——即三星堆博物馆的主体建筑。

5 月，三星堆遗址防洪大堤竣工。

9 月，时任中国社会科学院历史所所长李学勤先生，参观四川省文物考古研究所三星堆文物整理库房，并考察三星堆遗址，鉴定广汉文物管理所藏三星堆遗址采集的青铜觥形尊，释出尊上"潜"字铭文。陈德安、高大伦、魏启鹏、敖天照陪同。

1991 年

1991 年 1 月，对东城墙局部进行发掘，发现土坯砖，大致了解到城墙的始筑年代和夯筑方法、城墙建筑结构等。

3 月，三星堆博物馆主体建筑设计方案通过评审。

9 月，三星堆部分文物在北京参加"中国文物精华展"。

12 月至次年 5 月，发现、发掘并确认西城墙。

1992 年

1992 年 4 月，中国先秦史学会和四川历史学会联合在德阳召开"纪念三星堆发现 60 周年暨三星堆与巴蜀文化学术研讨会"，会议成果汇集成李绍明、林向、赵殿增主编《三星堆与巴蜀文化》一书，于 1993 年出版。

5 月，试掘西城墙并得到确认。三星堆古城墙获得肯定。

8 月，三星堆博物馆奠基。

12 月，范勇、高大伦陪同日本东京大学松丸道雄教授参观四川省文物考古研究所三星堆文物整理库房，考察三星堆遗址。

同年，《四川文物》增刊《三星堆古蜀文化专辑》。

1993 年

1993 年 5 月，三星堆部分文物在瑞士洛桑奥林匹克博物馆展出。

6 月，赵殿增等主编的《中国青铜器全集》第 13 卷《巴蜀》出版，其中三星堆青铜器占大宗。

12 月，屈小强等主编《三星堆文化》出版。

1994 年

1994 年 7 月，三星堆博物馆主馆土建工程竣工。

9 月，发现及发掘南城墙，重新确定古城区范围在 3 平方公里以上。

1995 年

1995 年 6 月至 11 月，三星堆 20 余件文物随中国文物"人与神"展览首次出展，在德国埃森克虏伯庄园和慕尼黑海伯基金艺术馆展出。

同年，应时任中国历史博物馆（今中国国家博物馆）馆长俞伟超之请，四川省文物考古研究所向中国历史博物馆古代史陈列展览提供数件三星堆祭祀坑出土铜器。

1996 年

1996 年 4 月，三星堆遗址部分文物在瑞士苏黎世艺术之家展出。

8 月，三星堆博物馆进行陈列布展，外部园林建设及附属建筑修建等工作全面展开。

9 月，三星堆遗址部分文物随"人与神"展巡展至英国伦敦，在英国大英博物馆展出。

9 月至 11 月，调查月亮湾遗址，首次开展环境考古调查、物理勘探，10 月，中日联合对遗址进行环境考古工作。

12 月，四川省文物考古研究所和四川省博物馆合办的"三星堆出土文物精品展"在四川省博物馆首展。这也是三星堆文物成批首次对外展出。

1997 年

1997 年 2 月至 5 月，三星堆遗址部分文物至丹麦路易斯安那博物馆展出，至此结束了在欧洲的巡展。

8 月，四川省文物考古研究所向三星堆博物馆移交祭祀坑和遗址出土文物、标本。

10 月，四川广汉三星堆博物馆建成开放，全面展示三星堆文物。

11 月，发掘仁胜村墓地 5 座墓葬。

1998 年

1998 年 1 月至 6 月，发掘仁胜村墓地 29 座墓葬以及房址、灰坑等遗迹，发现目前成都平原最早的玉石器。

2 月，三星堆遗址部分文物在美国纽约古根海姆博物馆展出。

3 月、4 月，配合天然气管道建设工作发掘东城墙。

8 月，宋治民著《蜀文化与巴文化》出版。

10 月，陈德安著《三星堆——长江上游文明中心探索》出版。

4 月至 12 月，三星堆部分文物共 258 件赴日本东京、京都、福冈、广岛等地巡展，参观人数达 32 万余人，日本平成天皇夫妇参观了三星堆文物展。

1999 年

1999 年 1 月至 5 月，发掘月亮湾城墙，确认月亮湾城墙及年代为三星堆第二期偏晚。

3 月至 7 月，以"三星堆传奇——华夏古文明的探索"为主题的三星堆文物展在台北故宫博物院展出。

4 月，陈德安主持进行资料整理并主笔的田野考古发掘报告《三星堆祭祀坑》正式出版。雷雨任四川省文物考古研究所三星堆考古工作站副站长。

5 月，三星堆博物馆馆长肖先进、四川省博物馆代馆长高大伦赴山东青岛参加殷商文化研究会"甲骨文发现 100 周年纪念大会"，并和殷商文化学会商谈次年在四川广汉举行以三星堆文化为专题的殷商史年会相关事宜。

8 月，三星堆遗址 11 件珍品随"中国考古黄金时代展"在美国国家美术馆展出。

10 月，三星堆遗址部分文物随"中国考古黄金时代展"在巡展的首站大都会博物馆展出。随后一年内，在休斯敦美术馆、旧金山亚洲艺术博物馆巡展。

2000 年

2000 年 4 月，三星堆遗址部分文物参加了在日本山梨县举行的"世界四大文明系列展"。

8 月，殷商文化研究会主办，三星堆博物馆协办的"三星堆与商文明国际学术研讨会"在广汉召开。孙华著《四川盆地的青铜时代》出版。

12 月，中央电视台《东方时空·直播中国》栏目向全球现场直播三星堆博物馆遗址陈列文物精品和三星堆遗址月亮湾考古发掘工地。同月，三星堆遗址文物在澳大利亚新南威尔士艺术馆展出。

12 月至次年 6 月，发掘月亮湾遗址，发现小型陶器祭祀坑和陶瓦、陶人、跪坐石人像、石璋、玉琮等文物。

2001 年

2001 年 3 月三星堆遗址文物在美国西雅图美术馆开展。

10 月至 2002 年 2 月，勘探后确认遗址东、西城墙的水门以及相关区域的文化堆积状况。

12 月，陈显丹等著《三星堆奥秘》出版。

2002 年

2002 年 4 月，江章华、李明斌著《古国寻踪——三星堆文化的兴起及其影响》出版。

7 月，以三星堆遗址文物为主体的四川古代文物展在加拿大皇家安大略博物馆开展。

9 月，时任国家文物局局长单霁翔至三星堆遗址和博物馆调研。

2003 年

2003 年 1 月，孙华、苏荣誉著《神秘的王国——对三星堆文明的初步理解和解释》出版。

10 月，三星堆遗址文物赴法国巴黎市政厅展出。

同年，四川省文物考古研究院所报的三星堆祭祀坑最大面具研究性修复项目获国家文物局批准并给予经费支持。

2004 年

2004 年 4 月，勘探三星堆遗址游览道路。

同年，以三星堆、金沙遗址文物为主体的四川文物赴日本展出。

同年，陈德安任领队，雷雨、于春负责的高骈乡烟堆子遗址（与三星堆遗址文化面貌一致）开始发掘。四川省文物考古研究院再次向三星堆博物馆移交 300 多件（套）三星堆出土文物。

2005 年

2005 年 3 月至 4 月，发掘西城墙水门。

4 月，发掘青关山土台，发现青关山一号大型建筑。同月赵殿增著《三星堆文化与巴蜀文明》出版。

夏，陈德安站长调任院长助理，雷雨接任三星堆考古工作站站长。

8 月，三星堆最大面具研究性修复竣工验收，并向三星堆博物馆移交。同月。四川省地方志编纂委员会编《三星堆图志》出版。

2006 年

2006 年 1 月，段渝、邹一清著《三星堆文明——长江上游古代文明中心》出版。

10 月，四川省文物考古研究院联合陕西省考古研究院开展的越南永福省义立遗址发掘正式开工。此项目旨在探索商周时期成都平原和越南北部之间的文化联系。

同年，三星堆遗址被列入国家文物局的世界文化遗产申报预备名单。

2007 年

2007 年 1 月，李学勤著《走出疑古时代（修订版）》出版。

3 月，段渝著《酋邦与国家起源：长江流域文明起源比较研究》出版。

同年，三星堆、金沙遗址出土部分文物赴香港展出。

2008 年

2008 年夏，"从三星堆至金沙——来自古蜀王国的珍藏"展览在北京保利艺术博物馆展出，通过 140 余件文物，系统展现三千年前古蜀王国的辉煌。这是奥运会期间在京举办的最高水平的中国古代文物展览之一。

10 月，宋治民著《蜀文化》出版。

2009 年

2009 年 5 月，张擎著《古蜀文明》出版。

9 月，四川省文物考古研究院、三星堆博物馆组织，高大伦、肖先进、陈显丹主编《三星堆出土文物全记录》出版。

10 月，广州西汉南越王博物馆的"巫与神的世界——三星堆金沙珍宝展"大获成功。

2010 年

2010 年 4 月，陈显丹著《广汉三星堆》出版。

5 月，林向著《童心求真集：林向考古文物选集》出版。

8 月，北京大学考古夏令营师生参加高骈乡商周遗址发掘。

10 月，三星堆遗址获批国家考古遗址公园。

11 月，四川省文物考古研究院编制的国家"十二五"规划期间三星堆遗址全面勘探方案获批。

同年，四川省文物考古研究院联合三星堆博物馆展开为期一年的"三星堆进校园"公众考古活动，一年内在全省 21 市、州做了 104 场公益讲座。

2011 年

2011 年 8 月，四川省文物考古研究院编《三星堆进校园》出版。

同年，三星堆、金沙和成都平原古城群申报世界文化遗产，但在国家文物局初评答辩期间未获通过。

2012 年

2012 年，实施三星堆勘探计划。三星堆遗址再次被国家文物局列入调整后的世界文化遗产预备名单。

8 月，雷兴山教授等率领的"北京大学全国中学生考古夏令营"参加四川省文物考古研究院的广汉新药铺商周遗址发掘。同月，岳南著《天赐王国——三星堆与金沙遗址惊世记（修订版）》出版。

11 月，陈苇著《先秦时期的青藏高原东麓》出版。

同年，三星堆、金沙遗址文物在台湾省展出。

12 月至次年 1 月，发掘青关山土台，揭露青关山 F1、F2、F3 和附近大沟堆积。

2013 年

2013 年 8 月，包含三星堆博物馆和金沙遗址博物馆的 137 件（套）文物的"神秘瑰丽的古蜀王国——三星堆·金沙遗址珍宝展"在青岛市博物馆开展。

9 月至次年 4 月，勘探遗址一般保护范围，明确区域内壕沟走向和遗存分布、堆积情况。

10 月至次年 5 月，继续发掘青关山土台，揭露青关山 F1、F2、F3。

10 月至次年 4 月，发掘仓包包城墙，明确仓包包城墙的结构与年代。

11 月至次年 4 月，发掘真武宫城墙，明确真武宫城墙的结构与年代，确定为北城墙中段。

11 月，由四川省文物考古研究院组织，高大伦、周科华、万娇、刘志岩、刘佳君等编写的，以三星堆为切入点的儿童考古科普读物《少儿考古入门》出版。

同年，由四川省文物考古研究院组织，高大伦导演，周科华、万娇、刘志岩、刘佳君策划制作的，以三星堆为切入点的考古动漫片《考古训练营》推出。

2014 年

2014 年 10 月至次年 5 月，发掘李家院子城墙，明确李家院子城墙的结构与年代。

11 月至次年 6 月，发掘马屁股城墙，明确马屁股城墙的结构与年代，确定为北城东段。

12 月至次年 5 月，继续发掘青关山土台，揭露青关山城墙及 F3。

12 月至次年 6 月，发掘青关山城墙，明确青关山城墙的结构与年代，确定为北城墙西段，将以往认为的青关山土台一分为二。

同年，三星堆遗址和成都平原古城群、金沙遗址、古蜀船棺联合申报世界文化遗产，但未通过国家文物局组织的专家答辩环节。

四川省文物考古研究院万娇团队开始对三星堆发掘做植物浮选。

2015 年

2015 年 1 月，时任国家文物局局长励小捷到三星堆遗址发掘现场调研。

12 月至次年 5 月，继续发掘青关山土台，揭露青关山城墙南侧大凹沟。

12 月至次年 6 月，发掘西城墙北段拐角，发现月亮湾小城西段以及第四期补筑现象。

12 月至次年 6 月，发掘西城墙南段，明确西城墙南段的结构与年代。

12 月，三星堆博物馆委托四川省文物考古研究院主持编制的《三星堆国家考古遗址公园保护展示规划方案》完成。四川省文物考古研究院参加编写主要人员有：高大伦、姚军、周科华、雷雨、冉宏林、万娇、郭明等。

同年，三星堆、金沙遗址出土文物赴美国休斯敦美术馆展出。

2016 年

2016 年，四川省文物考古研究院三星堆整理基地建设开工。

3 月，冉宏林任四川省文物考古研究院三星堆考古工作站副站长。

3 月至 5 月，发掘西城墙水门，确定水门废弃年代为三星堆第四期偏晚阶段。

5 月，陈显丹著《三星堆祭祀坑发掘记》出版。

7 月，四川省文物考古研究院、三星堆博物馆合办"纪念三星堆祭祀坑发现 30 周年暨三星堆与世界上古文明国际学术讨论会"在广汉召开。院长高大伦代表四川省文物考古研究院致辞，十分肯定地说三星遗址里应该还有祭祀坑，并且希望能找到更大的坑——蜀王陵。

7 月，三星堆勘探计划如期完成，通过验收。

9 月至次年 4 月，勘探月亮湾小城及西泉坎台地，发现燕家院子西侧的白膏泥范围及外围规则壕沟、坑状遗迹等。

10 月至次年 5 月，发掘东城墙南段，明确东城墙的结构与年代。

同年，四川省文物考古研究院、三星堆博物馆组织，高大伦、阙显凤导演的三星堆文物数字动漫故事片《神树的传说》首映。

2017 年

2017 年 6 月，考古数字动漫故事片《神树的传说》相关内容收入北京高考语文试卷。

6 月，由山东博物馆、三星堆博物馆、金沙遗址博物馆联合主办的"太阳的传说——三星堆·金沙遗址出土文物菁华展"在山东博物馆开展。

10 月至次年 5 月，勘探祭祀区与南城墙，明确祭祀区及南城墙的遗存分布和堆积状况。

11 月至次年 6 月，发掘西城墙内侧，发现疑似河边祭祀遗存；

发掘月亮湾城墙南段，明确月亮湾城墙南段的结构与年代，发现月亮湾小城的南墙东端。

11 月，高大伦、万娇应邀赴澳大利亚悉尼中国文化中心出席"考古数字动漫故事片《神树的传说》英文版首映式"。

2018 年

2018 年 5 月，时任四川省文物考古研究院院长高大伦作为特邀嘉宾，参加中央电视台《开讲啦》栏目三星堆专题直播。

8 月，三星堆整理基地落成启用。

9 月，四川省文物考古研究院主办"原点·摇篮——三星堆考古历程展"在新落成的三星堆整理基地开展。

10 月，四川省委宣传部、四川省文化厅支持，中国考古学会主办，四川省文物考古研究院、成都文物考古研究院、四川大学历史文化学院承办的"第二届中国考古大会"在成都召开，"三星堆古蜀文明"列为大会讨论主题。时任四川省文物考古研究院院长高大伦在大会开幕式上的主旨发言中宣布，根据省委宣传部和省文化厅的战略部署，四川省文物考古研究院正式启动以三星堆遗址考古为抓手的"古蜀文明传承创新工程"。四川省文物考古研究院编，高大伦主编《古蜀文明研究论著目录（1930-2017》出版。